앞선 정보 제공! 도서 업데이트

언제, 왜 업데이트될까?

도서의 학습 효율을 높이기 위해 자료를 추가로 제공할 때!
공기업 · 대기업 필기시험에 변동사항 발생 시 정보 공유를 위해!
공기업 · 대기업 채용 및 시험 관련 중요 이슈가 생겼을 때!

01 시대에듀 도서
www.sdedu.co.kr/book
홈페이지 접속

02 상단 카테고리
「도서업데이트」
클릭

03 해당
기업명으로
검색

참고자료, 시험 개정사항 등 정보 제공으로 학습효율을 높여 드립니다.

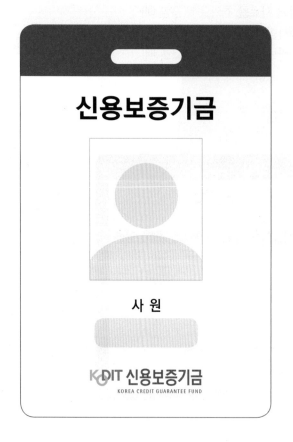

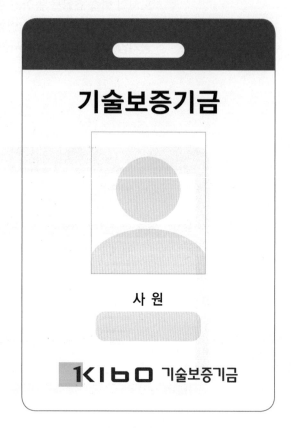

사일 동안
이것만 풀면
다 합격!

신용보증기금
기술보증기금

시대에듀

2025 최신판 시대에듀 사이다 모의고사
신용보증기금 & 기술보증기금 NCS

Always **with you**

사람의 인연은 길에서 우연하게 만나거나 함께 살아가는 것만을 의미하지는 않습니다.
책을 펴내는 출판사와 그 책을 읽는 독자의 만남도 소중한 인연입니다.
시대에듀는 항상 독자의 마음을 헤아리기 위해 노력하고 있습니다. 늘 독자와 함께하겠습니다.

머리말 PREFACE

신용보증기금과 기술보증기금은 2025년에 신입직원을 채용할 예정이다.

신용보증기금의 채용절차는 「입사지원서 접수 ➡ 서류전형 ➡ 필기전형 ➡ 면접전형 ➡ 신체검사 및 결격사유 조회 ➡ 최종합격자 발표」 순서로 이루어진다. 필기전형은 일반전형의 경우 직업기초능력, 직무전공, 논술로 진행하며, 특별전형의 경우 직업기초능력, 논술로 진행한다. 그중 직업기초능력은 의사소통능력, 수리능력, 문제해결능력 총 3개의 영역을 평가하고, 직무전공은 분야별 내용이 다르므로 반드시 확정된 채용공고를 확인해야 한다. 또한, 논술은 직무분야 전공 및 직무수행과 연관하여 평가한다.

기술보증기금의 채용절차는 「입사지원서 접수 ➡ 서류전형 ➡ 필기전형 ➡ 1차 면접 ➡ 2차 면접 ➡ 신체검사 및 신원 조회 ➡ 최종합격자 발표」 순서로 이어진다. 필기전형은 직업기초능력평가와 직무수행능력평가로 진행한다. 그중 직업기초능력평가는 의사소통능력, 수리능력, 문제해결능력, 정보능력, 조직이해능력 총 5개의 영역을 평가한다. 또한, 직무수행능력평가는 부문별 내용이 다르므로 반드시 확정된 채용공고를 확인해야 한다.

신용보증기금&기술보증기금 합격을 위해 시대에듀에서는 신용보증기금&기술보증기금 판매량 1위의 출간 경험을 토대로 다음과 같은 특징을 가진 도서를 출간하였다.

도서의 특징

❶ 합격으로 이끌 가이드를 통한 채용 흐름 확인!
  • 신용보증기금 · 기술보증기금 소개와 최신 시험 분석을 수록하여 채용 흐름을 파악하는 데 도움이 될 수 있도록 하였다.

❷ 기출응용 모의고사를 통한 완벽한 실전 대비!
  • 철저한 분석을 통해 실제 유형과 유사한 기출응용 모의고사를 4회분 수록하여 시험 직전 4일 동안 자신의 실력을 점검하고 향상시킬 수 있도록 하였다.

❸ 다양한 콘텐츠로 최종 합격까지!
  • 온라인 모의고사를 무료로 제공하여 필기전형에 대비할 수 있도록 하였다.
  • 모바일 OMR 답안채점/성적분석 서비스를 통해 자동으로 점수를 채점하고 확인할 수 있도록 하였다.

끝으로 본 도서를 통해 신용보증기금 & 기술보증기금 채용을 준비하는 모든 수험생 여러분이 합격의 기쁨을 누리기를 진심으로 기원한다.

SDC(Sidae Data Center) 씀

◇ **미션**

기업의 **미래 성장동력 확충**과 **국민경제 균형발전**에 기여

◇ **비전**

기업의 도전과 성장에 힘이 되는 동반자
Beyond Guarantee

◇ **핵심가치**

고객	고객요소 금융 사각지대 해소를 위한 고객 우선의 정책역할 수행
성장	사업영역 수요자 중심의 종합솔루션을 제공하여 기업과 함께 성장
혁신	사업구조 환경변화에 대한 적극적인 대응과 끊임없는 혁신 추구
협력	기관역할 민간 · 공공 · 글로벌 협력을 통해 기업지원 역량 강화

◇ **경영방침**

| 행복한 일터 | ▶ | **조직운영**
• 신보인의 행복한 직장 만들기
• 조직에 에너지·활력·영감을 제공하고 상생협력의 노사문화 구축 |

| 고객과 함께 | ▶ | **고객관계**
• 신뢰를 바탕으로 고객인 중소기업과 함께 성장
• 기업의 성장단계별 맞춤형 지원이 가능한 기업 금융지원 플랫폼 |

| DDP 혁신 | ▶ | **사업구조**
• 끊임없는 혁신으로 미래가치 창출
• 디지털(Digital), 데이터(Data), 플랫폼(Platform) 혁신 |

| 글로벌 리더 | ▶ | **기관역할**
• 신용보증 분야의 세계리더로서 나눔과 협력 실천
• 일하는 방식을 선진화하고 지역사회 및 국제사회와 협력 |

◇ **인재상**

공기업인으로서의 **기본인품**과 금융인으로서의 **성장자질**을 갖추고
신보의 **미래가치**를 창출하며 **사회적 책임**을 다하는 인재

| 기본
인품 | • 기본예절
• 책임감·열정 | • 공인정신
• 적응력·인내심 | • 애사심 |

| 성장
자질 | • 혁신·소통의지
• 문제해결능력 | • 논리적 사고력
• 통섭능력·확장가능성 | • 직관적 통찰력 |

신규직원 채용 안내 INFORMATION

◇ 지원자격(공통)

❶ 학력 · 연령 · 성별 · 전공 : 제한 없음(단, 접수마감일 기준 만 60세 이상인 자는 지원 불가)
❷ 채용 확정 후 전일 근무 가능한 자
❸ 채용제한 사유에 해당되지 않는 자
❹ 병역법 제76조에서 정한 병역의무 불이행 사실이 없는 자(단, 채용확정일 이전 전역자 지원 가능)

◇ 필기전형

전형	구분	분야		내용
일반전형	직업기초능력	전 분야		의사소통능력, 문제해결능력, 수리능력
	직무전공	금융사무	경영	일반경영이론, 재무관리 및 투자론, 중급회계 및 원가회계, 법인세법
			경제	미시경제학, 거시경제학, 국제경제학 및 화폐금융론, 통계학
		전기 · 전자, 화학, 기계		분야별 상이
	논술	전 분야		직무 분야 전공 및 직무수행과 연관된 주제
특별전형	직업기초능력	전 분야		의사소통능력, 문제해결능력, 수리능력
	논술	전 분야		직무 분야 전공 및 직무수행과 연관된 주제

◇ 면접전형

구분	평가항목	내용
과제수행면접	문제해결력 및 협업능력	조별 과제수행을 통해 문제해결력 및 협업능력 평가
실무면접	직무수행역량	교육 및 자격사항 등을 중심으로 직무수행역량 평가
심층면접	기본역량 및 조직적합도	자기소개서 및 경력사항 등을 중심으로 기본역량 및 조직적합도 평가

❖ 위 채용 안내는 2025년 상반기 채용공고를 기준으로 작성하였으므로 세부사항은 확정된 채용공고를 확인하기 바랍니다.

신용보증기금의 필기전형은 피듈형으로 출제되었으며, 난이도가 비교적 어려웠다는 후기가 많았다. 특히 수리능력, 문제해결능력은 난이도가 높았고, 반면 의사소통능력은 다소 쉬운 모듈형 문제가 많았으므로 영역별로 다양한 문제를 많이 풀어보는 연습을 하는 것이 좋겠다. 또한 어려운 단어를 활용하는 문제가 많았으므로 기본적인 개념을 확실하게 숙지하는 것이 필요해 보인다. 아울러 NCS와 직무전공을 함께 1교시(80분)에 풀어야 해서 시간 부족을 호소하는 의견이 많았기에 시간 배분 관리가 당락에 큰 영향을 끼쳤을 것이다.

◇ 영역별 출제 비중

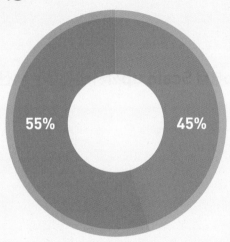

55% 45%

■ 의사소통능력
■ 수리능력 + 문제해결능력

구분	출제 특징	출제 키워드
의사소통능력	• 맞춤법 · 어휘 문제가 출제됨 • 내용 추론 문제가 출제됨 • 문서 내용 이해 문제가 출제됨	• 논증의 오류, 빈칸에 들어갈 단어의 순서 등
수리능력	• 응용 수리 문제가 출제됨 • 자료 계산 문제가 출제됨 • 자료 이해 문제가 출제됨	• 거속시, 확률, 경우의 수, 소수(素數), 수열, 정육면체의 겉넓이 등
문제해결능력	• 규칙 적용 문제가 출제됨 • 명제 추론 문제가 출제됨 • SWOT 분석 문제가 출제됨	• SWOT 분석, 범인 찾기, 동서남북 화살표 자리 등

◇ **미션**

중소 · 벤처기업을 위한
기술금융과 혁신지원 활성화를 통해 지역균형과 국민경제 발전에 기여

◇ **비전**

기술기업의 Start up부터 Scale up까지 함께하는 혁신성장 플랫폼

◇ **핵심가치**

공정	청렴하고 균형 있는 마음가짐, 높은 업무전문성을 바탕으로 공정하게 업무를 수행하여 사회적 책임 완수 및 국민 신뢰를 확보
혁신	미래지향적인 사고와 열정을 바탕으로 국민 · 고객과 함께 혁신을 추진하여 기관의 경쟁력과 국민 삶의 질을 제고
연대	민간 · 공공과의 연대를 통해 도전하고 개방하여 실질적인 성과(실용)와 미래가치를 창출하고 기술기업의 동반성장과 상생을 실현

◇ **경영방침**

미래지향 혁신경영	▶ 디지털 전환, 기관 업 관련 신사업 발굴 등 다가올 미래를 선도하기 위해 기관 전반에서의 창의적인 혁신을 추진
국민감동 신뢰경영	▶ 기관의 존립 기반인 고객과 국민이 체감하고 신뢰할 수 있도록 업무 전 과정을 공정하게 처리하고 지속가능한 발전을 추구
실용기반 효율경영	▶ 실직적인 성과(실용) 창출을 위해 구성원 간, 기금과 이해관계자 간 소통하고 상호연대하여 지원의 효율성을 제고

◇ **인재상**

기금 직무를 성공적으로 수행하기 위해 필요한
이공계, 상경계, 법학적 직무능력을 갖춘 융합형 인재

이공계적 직무능력(기술성 평가)
기업이 보유한 기술을 전문적으로 평가하기 위한 이공계적 직무능력

상경계적 직무능력(사업성 평가)
기업의 재무구조 및 기업신용분석을 위한 상경계적 직무능력

법학적 직무능력(구상채권 회수)
채무자에게 구상권을 행사하여 채권회수를 위한 법학적 직무능력

신규직원 채용 안내 INFORMATION

◇ 지원자격(공통)

❶ 학력 · 연령 · 성별 : 제한 없음[단, 접수시작일 기준 기술보증기금 정년(만 60세 이상)을 초과한 자는 지원 불가]

❷ 채용 확정 후 즉시 근무 가능한 자

❸ 남성의 경우 병역필 또는 면제자(단, 채용 확정 전까지 전역 가능자 포함)

❹ 기술보증기금 인사규정상 채용제한 사유에 해당되지 않는 자

◇ 필기전형

전형	구분			내용
직업기초 능력평가	전 부문			의사소통능력, 수리능력, 문제해결능력, 정보능력, 조직이해능력
직무수행 능력평가	기술 보증 및 기술 평가	금융일반 · 지역전문	경영	중급회계, 재무관리, 경영학
			경제	미시경제학, 거시경제학, 계량경제학
		이공계		직무상황 논술평가
		보훈		
	전산			직무상황 논술평가 및 코딩테스트
	법무 · 채권 관리	일반		민법, 상법, 민사소송법

◇ 면접전형

구분	내용
조직적합성 면접	기금 문화적합도 평가
직무적합성 면접	직무 지식 · 전문역량 평가
토론 면접	문제해결능력 및 의사소통능력 평가

❖ 위 채용 안내는 2024년 채용공고를 기준으로 작성하였으므로 세부사항은 확정된 채용공고를 확인하기 바랍니다.

2024년 기출분석 ANALYSIS

총평

기술보증기금의 필기전형은 피듈형으로 출제되었으며, 난이도가 '중' 정도로 무난했다는 후기가 많았다. 수리능력은 응용 수리의 비중이 높았고, 문제해결능력은 다소 복잡한 자료 문제가 있었으므로 꼼꼼하게 계산하여 풀이하는 연습을 하는 것이 좋겠다. 다만, 정보능력의 경우 엑셀 함수나 정보 이해와 관련된 기본적인 이론을 파악하면 쉽게 풀 수 있는 문제가 출제되었으므로 영역별 핵심 이론을 정확하게 파악하는 것이 필요해 보인다. 전체적으로 기술보증기금 관련 사업이나 이슈에서 출제된 문제가 많았기에 평소에 이와 관련한 내용을 숙지할 필요가 높다.

◇ **영역별 출제 비중**

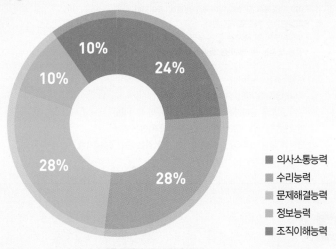

- ■ 의사소통능력
- ■ 수리능력
- ■ 문제해결능력
- ■ 정보능력
- ■ 조직이해능력

구분	출제 특징	출제 키워드
의사소통능력	• 맞춤법 · 어휘 문제가 출제됨 • 한자성어 · 속담 문제가 출제됨 • 내용 추론 문제가 출제됨 • 문서 내용 이해 문제가 출제됨	• 겨땀/곁땀, 혼조세, 오월동주(吳越同舟), 실사구시(實事求是) 등
수리능력	• 응용 수리 문제가 출제됨 • 자료 이해 문제가 출제됨 • 자료 계산 문제가 출제됨	• 평균, 거속시, 확률, 날짜, 거리, 아인슈타인 퍼즐 등
문제해결능력	• 규칙 적용 문제가 출제됨 • 자료 해석 문제가 출제됨 • SWOT 분석 문제가 출제됨	• 참/거짓, 규칙에 따른 해석, 수렴적 · 발산적 사고 등
정보능력	• 엑셀 함수 문제가 출제됨 • 정보 이해 문제가 출제됨	• 모듈, SUMIF, 함수 그래프, 사이버보안 등
조직이해능력	• 경영 전략 문제가 출제됨 • 조직 구조 문제가 출제됨	• 경영 전략, 조직 구조, ESG 경영 등

주요 공기업 적중 문제 TEST CHECK

신용보증기금

12 A씨가 근무하는 K기금은 출근 시 카드 또는 비밀번호를 입력하여야 한다. 어느 날 A씨는 카드를 집에 두고 출근을 하여 비밀번호로 근무지에 출입하고자 한다. 그러나 비밀번호가 잘 기억이 나지 않아 당혹스럽다. 네 자리 숫자의 비밀번호에 대해 다음 〈조건〉이 주어진다면, A씨가 이해한 내용으로 옳지 않은 것은?

조건
- 비밀번호를 구성하고 있는 각 숫자는 소수가 아니다.
- 6과 8 중에서 단 하나만이 비밀번호에 들어간다.
- 비밀번호는 짝수로 시작한다.
- 비밀번호의 각 숫자는 큰 수부터 차례로 나열되어 있다.
- 같은 숫자는 두 번 이상 들어가지 않는다.

① 비밀번호는 짝수이다.
② 비밀번호의 앞에서 두 번째 숫자는 4이다.
③ 단서를 모두 만족하는 비밀번호는 모두 세 가지이다.
④ 비밀번호는 1을 포함하지만 9는 포함하지 않는다.
⑤ 단서를 모두 만족하는 비밀번호 중 가장 작은 수는 6410이다.

기술보증기금

13 S회사의 마케팅 부서 직원 A ~ H가 원탁에 앉아서 회의를 하려고 한다. 다음 〈조건〉을 참고할 때, 항상 참인 것은?(단, 서로 이웃해 있는 직원 간의 사이는 모두 동일하다)

조건
- A와 C가 가장 멀리 떨어져 있다.
- A 옆에는 G가 앉는다.
- B와 F는 서로 마주보고 있다.
- D는 E 옆에 앉는다.
- H는 B 옆에 앉지 않는다.

① 가능한 모든 경우의 수는 4가지이다.
② A와 B 사이에는 항상 누군가 앉아 있다.
③ C 옆에는 항상 E가 있다.
④ E와 G는 항상 마주 본다.
⑤ G의 오른쪽 옆에는 항상 H가 있다.

한국자산관리공사

01 다음 글의 주제로 가장 적절한 것은?

우리는 주변에서 신호등 음성 안내기, 휠체어 리프트, 점자 블록 등의 장애인 편의 시설을 많이 볼수 있다. 우리는 이러한 편의 시설을 장애인들이 지니고 있는 국민으로서의 기본 권리를 인정한 것이라는 시각에서 바라보고 있다. 물론, 장애인의 일상생활 보장이라는 측면에서 이 시각은 당연한것이다. 하지만 또 다른 시각이 필요하다. 그것은 바로 편의 시설이 장애인만을 위한 것이 아니라일상생활에서 활동에 불편을 겪는 모두를 위한 것이라는 시각이다. 편리하고 안전한 시설은 장애인뿐만 아니라 우리 모두에게 유용하기 때문이다. 예를 들어, 건물의 출입구에 설치되어 있는 경사로는 장애인들의 휠체어만 다닐 수 있도록 설치해 놓은 것이 아니라, 몸이 불편해서 계단을 오르내릴수 없는 노인이나 유모차를 끌고 다니는 사람들도 편하게 다닐 수 있도록 만들어 놓은 시설이다.결국 이 경사로는 우리 모두에게 유용한 시설인 것이다.

그런 의미에서 근래에 대두되고 있는 '보편적 디자인', 즉 '유니버설 디자인(Universal Design)'이라는 개념은 우리에게 좋은 시사점을 제공해 준다. 보편적 디자인은 가능한 모든 사람이 이용할 수있도록 제품, 건물, 공간을 디자인한다는 의미를 가지고 있다. 이러한 시각으로 바라본다면 장애인편의 시설은 우리 모두에게 편리하고 안전한 시설로 인식될 것이다.

① 우리 주변에서는 장애인 편의 시설을 많이 볼 수 있다.
② 보편적 디자인은 근래에 대두되고 있는 중요한 개념이다.
③ 어떤 집단의 사람들이라도 이용할 수 있는 제품을 만들어야 한다.
④ 보편적 디자인이라는 관점에서 장애인 편의 시설을 바라볼 필요가 있다.
⑤ 장애인들의 기본 권리를 보장하기 위해 장애인 편의 시설을 확충해야 한다.

HUG 주택도시보증공사

06 두 자연수 a, b에 대하여 a가 짝수일 확률은 $\frac{2}{3}$, b가 짝수일 확률은 $\frac{3}{5}$이다. 이때 a와 b의 곱이 짝수일 확률은?

① $\frac{11}{15}$ ② $\frac{4}{5}$

③ $\frac{13}{15}$ ④ $\frac{14}{15}$

⑤ $\frac{1}{3}$

학습플랜 STUDY PLAN

1일 차 학습플랜   1일 차 기출응용 모의고사

_____월 _____일		
의사소통능력	수리능력	문제해결능력

정보능력	조직이해능력

2일 차 학습플랜   2일 차 기출응용 모의고사

_____월 _____일		
의사소통능력	수리능력	문제해결능력

정보능력	조직이해능력

3일 차 학습플랜   3일 차 기출응용 모의고사

_____ 월 _____ 일		
의사소통능력	수리능력	문제해결능력

정보능력	조직이해능력

4일 차 학습플랜   4일 차 기출응용 모의고사

_____ 월 _____ 일		
의사소통능력	수리능력	문제해결능력

정보능력	조직이해능력

취약영역 분석 WEAK POINT

1일 차 취약영역 분석

시작 시간	:	종료 시간	:
풀이 개수	개	못 푼 개수	개
맞힌 개수	개	틀린 개수	개

취약영역 / 유형	
2일 차 대비 개선점	

2일 차 취약영역 분석

시작 시간	:	종료 시간	:
풀이 개수	개	못 푼 개수	개
맞힌 개수	개	틀린 개수	개

취약영역 / 유형	
3일 차 대비 개선점	

3일 차 취약영역 분석

시작 시간	:	종료 시간	:
풀이 개수	개	못 푼 개수	개
맞힌 개수	개	틀린 개수	개
취약영역 / 유형			
4일 차 대비 개선점			

4일 차 취약영역 분석

시작 시간	:	종료 시간	:
풀이 개수	개	못 푼 개수	개
맞힌 개수	개	틀린 개수	개
취약영역 / 유형			
시험일 대비 개선점			

이 책의 차례 CONTENTS

1일 차
기출응용 모의고사

〈문항 및 시험시간〉

구분	평가영역	문항 수	시험시간	모바일 OMR 답안채점/성적분석 서비스
신용보증기금	의사소통＋수리＋문제해결	20문항	25분	
기술보증기금	의사소통＋수리＋문제해결 ＋정보＋조직이해	50문항	60분	

※ 2024년 하반기 신용보증기금 필기전형에서는 1교시(80분)에 NCS(20문항)와 직무전공(48문항)을 통합하여 실시하였음을 알려드립니다.

1일 차 기출응용 모의고사

※ 1번부터 20번까지는 신용보증기금과 기술보증기금의 필기전형 공통영역으로 구성하였습니다.
  신용보증기금 응시생은 1번부터 20번까지, 기술보증기금 응시생은 1번부터 50번까지 학습하시기 바랍니다.

01 다음 글의 주장에 대한 반박으로 가장 적절한 것은?

> 고전주의 범죄학은 법적 규정 없이 시행됐던 지배 세력의 불합리한 형벌 제도를 비판하며 18세기 중반에 등장했다. 고전주의 범죄학에서는 범죄를 포함한 인간의 모든 행위는 자유 의지에 입각한 합리적 판단에 따라 이루어지므로 범죄에 비례해 형벌을 부과할 경우 개인의 합리적 선택에 의해 범죄가 억제될 수 있다고 보았다. 고전주의 범죄학의 대표자인 베카리아는 형벌은 법으로 규정해야 하고, 그 법은 누구나 이해할 수 있도록 문서로 만들어야 한다고 강조했다. 또한 형벌의 목적은 사회 구성원에 대한 범죄 행위의 예방이며, 따라서 범죄를 저지를 경우 누구나 법에 의해 확실히 처벌받을 것이라는 두려움이 범죄를 억제할 것이라고 확신했다. 이러한 고전주의 범죄학의 주장은 각 국가의 범죄 및 범죄자에 대한 입법과 정책에 많은 영향을 끼쳤다.

① 사회 구성원들의 합의가 이루어진 형벌 제도라면 인간의 합리적 판단에 따라 범죄 행위를 예방할 수 있다.
② 범죄에 대한 인간의 행위를 규제할 수 있는, 보다 강력한 법적인 구속력이 필요하다.
③ 범죄를 효과적으로 제지하기 위해서는 엄격하고 확실한 처벌이 신속하게 이루어져야 한다.
④ 인간은 욕구 충족이나 문제 해결을 위한 방법으로 범죄 행위를 선택할 수 있으므로 모든 법적 책임은 범죄인에게 있다.
⑤ 사회가 혼란한 시기에 범죄율과 재범률이 급격하게 증가하는 것을 보면 범죄는 개인의 자유 의지로 통제할 수 없다.

02 광고회사에 근무 중인 A대리는 K전자의 스마트폰 광고 프로젝트를 진행하게 되었고, 마침내 최종 결과물을 발표할 일만 남겨두고 있다. A대리가 광고를 의뢰한 업체의 관계자를 대상으로 프레젠테이션을 진행한다고 할 때, 다음 〈보기〉에서 A대리가 준비해야 할 일을 모두 고르면?

> **보기**
> ㉠ 프레젠테이션할 내용을 완전히 숙지한다.
> ㉡ 프레젠테이션 예행 연습을 한다.
> ㉢ 팀원들의 니즈를 파악한다.
> ㉣ 프레젠테이션에 활용할 다양한 시청각 기자재를 준비한다.
> ㉤ 요점을 구체적이면서도 자세하게 전달할 수 있도록 연습한다.

① ㉠, ㉡
② ㉡, ㉢
③ ㉠, ㉡, ㉢
④ ㉠, ㉡, ㉣
⑤ ㉡, ㉣, ㉤

03 다음 문단을 논리적 순서대로 바르게 나열한 것은?

> (가) 이 전위차에 의해 전기장이 형성되어 전자가 이동하게 된다. 일반적으로 전자가 이동하더라도 얇은 산화물에 이동이 막힐 것으로 생각하기 쉽지만, 이러한 경우에는 전자 터널링 현상이 발생하여 전자가 얇은 산화물을 통과하게 된다. 이 전자들은 플로팅 게이트로 전자가 모이게 되고, 이러한 과정을 거쳐 데이터가 저장되게 된다.
>
> (나) 어떻게 NAND 플래시 메모리에 데이터가 저장될까? 플로팅 게이트에 전자가 없는 상태의 NAND 플래시 메모리의 컨트롤 게이트에 높은 전압을 가하면 수직 방향으로 컨트롤 게이트는 높은 전위, 기저 상태는 낮은 전위를 갖게 되어 전위차가 발생한다.
>
> (다) 반대로 플로팅 게이트에 전자가 저장된 상태에서 컨트롤 게이트에 0V를 가하면 전위차가 반대로 발생하고, 전자 터널링 현상에 의해 플로팅 게이트에 저장된 전자가 얇은 산화물을 통과하여 기저 상태로 되돌아간다. 이런 과정을 거쳐 데이터가 지워지게 된다.
>
> (라) NAND 플래시 메모리는 MOSFET 구조 위에 얇은 산화물, 플로팅 게이트, 얇은 산화물, 컨트롤 게이트를 순서대로 쌓은 구조이며, 데이터의 입력 및 삭제를 반복하여 사용할 수 있는 비휘발성 메모리의 한 종류이다.

① (나) - (가) - (라) - (다)
② (나) - (다) - (가) - (라)
③ (나) - (라) - (가) - (다)
④ (라) - (가) - (다) - (나)
⑤ (라) - (나) - (가) - (다)

04 다음 글에서 ㉠ ~ ㉤의 수정 방안으로 적절하지 않은 것은?

요즘은 안심하고 야외 활동을 즐기기가 어려워졌다. 초미세먼지로 인한 우리나라의 대기 오염이 상당히 ㉠심각해졌다. 공기의 질은 우리 삶의 질과 직결되어 있다. 그렇기 때문에 초미세먼지가 어떤 것이며 얼마나 위험한지를 반드시 알아야 한다. 또한 초미세먼지에 대응하는 방안을 알고 생활 속에서 그 방안을 실천할 수 있어야 한다.

초미세먼지란 입자의 크기가 매우 작은 먼지를 말한다. 입자가 큰 일반적인 먼지는 코나 기관지에서 걸러지지만, 초미세먼지는 걸러지지 않는다. 그래서 초미세먼지가 인체에 미치는 유해성이 매우 크다. ㉡초미세먼지는 호흡기의 가장 깊은 곳까지 침투해 혈관으로 들어간다.

우리나라의 초미세먼지는 중국에서 ㉢날라온 것들도 있지만 국내에서 발생한 것들도 많다. 화석 연료를 사용해 배출된 공장 매연이 초미세먼지의 주요한 국내 발생원이다. 현재 정부에서는 매연을 통한 오염 물질의 배출 총량을 규제하고 대체 에너지원 개발을 장려하는 등 초미세먼지를 줄이기 위한 정책을 펼치고 있다.

초미세먼지를 줄이기 위해서는 우리의 노력도 필요하다. 과도한 난방을 자제하고, ㉣주・정차시 불필요하게 자동차 시동을 걸어 놓는 공회전을 줄이기 위한 캠페인 활동에 참여하는 것 등이 우리가 실생활에서 실천할 수 있는 일이다.

생활 속에서 초미세먼지에 적절히 대응하기 위해서는 매일 알려 주는 초미세먼지에 대한 기상 예보를 확인하는 것을 습관화해야 한다. 특히 초미세먼지가 나쁨 단계 이상일 때는 외출을 삼가고, 부득이 외출할 때는 특수 마스크를 착용해야 한다. ㉤그리고 초미세먼지로부터 우리 몸을 보호하기 위해 물을 충분히 마시고, 항산화 식품을 자주 섭취하는 것이 좋다. 항산화 식품으로는 과일과 채소가 대표적이다. 자신의 건강도 지키고 깨끗한 공기도 만들기 위한 실천을 시작해 보자.

① ㉠ : 호응 관계를 고려하여 '심각해졌기 때문이다'로 고친다.
② ㉡ : 문장의 연결 관계를 고려하여 앞의 문장과 위치를 바꾼다.
③ ㉢ : 맞춤법에 어긋나므로 '날아온'으로 고친다.
④ ㉣ : 띄어쓰기가 올바르지 않으므로 '주・정차 시'로 고친다.
⑤ ㉤ : 앞 문장과의 관계를 고려하여 '그러므로'로 고친다.

다음 글을 통해 알 수 있는 내용으로 가장 적절한 것은?

> 상업 광고는 기업은 물론이고 소비자에게도 요긴하다. 기업은 마케팅 활동의 주요한 수단으로 광고를 적극적으로 이용하여 기업과 상품의 인지도를 높이려 한다. 소비자는 소비 생활에 필요한 상품의 성능, 가격, 판매 조건 등의 정보를 광고에서 얻으려 한다. 광고를 통해 기업과 소비자가 모두 이익을 얻는다면 이를 규제할 필요는 없을 것이다. 그러나 광고에서 기업과 소비자의 이익이 상충하는 경우도 있고, 광고가 사회 전체에 폐해를 낳는 경우도 있어 다양한 규제 방식이 모색되었다.
>
> 이때 문제가 된 것은 과연 광고로 인한 피해를 책임질 당사자로서 누구를 상정할 것인가였다. 초기에는 '소비자 책임 부담 원칙'에 따라 광고 정보를 활용한 소비자의 구매 행위에 대해 소비자가 책임을 져야 한다고 보았다. 여기에는 광고 정보가 정직한 것인지와는 상관없이 소비자는 이성적으로 이를 판단하여 구매할 수 있어야 한다는 전제가 있었다. 그래서 기업은 광고에 의존하여 물건을 구매한 소비자가 입은 피해에 대하여 책임을 지지 않았고, 광고의 기만성에 대한 입증 책임도 소비자에게 있었다.
>
> 책임 주체로 기업을 상정하여 '기업 책임 부담 원칙'이 부상하게 된 배경은 복합적이다. 시장의 독과점 상황이 광범위해지면서 소비자의 자유로운 선택이 어려워졌고, 상품에 응용된 과학 기술이 복잡해지고 첨단화되면서 상품 정보에 대한 소비자의 정확한 이해도 기대하기 어려워졌다. 또한 다른 상품 광고와의 차별화를 위해 통념에 어긋나는 표현이나 장면도 자주 활용되었다. 그리하여 경제적, 사회·문화적 측면에서 광고로부터 소비자를 보호해야 한다는 당위를 바탕으로 기업이 광고에 대해 책임을 져야 한다는 공감대가 확산되었다.
>
> 오늘날 행해지고 있는 여러 광고 규제는 이런 공감대에서 나온 것인데, 이는 크게 보아 법적 규제와 자율 규제로 나눌 수 있다. 구체적인 법 조항을 통해 광고를 규제하는 법적 규제는 광고 또한 사회적 활동의 일환이라는 점에 근거한다. 특히 자본주의 사회에서는 기업이 시장 점유율을 높여 다른 기업과의 경쟁에서 승리하기 위하여 사실에 반하는 광고나 소비자를 현혹하는 광고를 할 가능성이 높다. 법적 규제는 허위 광고나 기만 광고 등을 불공정 경쟁의 수단으로 간주하여 정부 기관이 규제를 가하는 것이다.
>
> 자율 규제는 법적 규제에 대한 기업의 대응책으로 등장했다. 법적 규제가 광고의 역기능에 따른 피해를 막기 위한 강제적 조치라면, 자율 규제는 광고의 순기능을 극대화하기 위한 자율적 조치이다. 광고에 대한 기업의 책임감에서 비롯된 자율 규제는 법적 규제를 보완하는 효과가 있다.

① 광고 주체의 자율 규제가 잘 작동될수록 광고에 대한 법적 규제의 역할도 커진다.

② 기업의 이익과 소비자의 이익이 상충하는 정도가 클수록 법적 규제와 자율 규제의 필요성이 약화된다.

③ 시장 독과점 상황이 심각해지면서 기업 책임 부담 원칙이 약화되고 소비자 책임 부담 원칙이 부각되었다.

④ 첨단 기술을 강조한 상품의 광고일수록 소비자가 광고 내용을 정확히 이해하지 못한 채 상품을 구매할 가능성이 커진다.

⑤ 광고의 기만성을 입증할 책임을 소비자에게 돌리는 경우, 그 이유는 소비자에게 이성적 판단 능력이 있다는 전제를 받아들이지 않기 때문이다.

> 미국의 사회이론가이자 정치학자인 로버트 액설로드의 저서 『협력의 진화』에서 언급된 팃포탯(Tit for Tat) 전략은 '죄수의 딜레마'를 해결할 가장 유력한 전략으로 더욱 잘 알려져 있는 듯하다.
> 죄수의 딜레마는 게임 이론에서 가장 유명한 사례 중 하나로, 두 명의 실험자가 참여하는 비제로섬 게임(Non Zero-sum Game)의 일종이다. 두 명의 실험자는 각각 다른 방에 들어가 심문을 받는데, 둘 중 하나가 배신하여 죄를 자백한다면 자백한 사람은 즉시 석방되는 대신 나머지 한 사람이 10년을 복역하게 된다. 다만, 두 사람 모두가 배신하여 죄를 자백할 경우는 5년을 복역하며, 두 사람 모두 죄를 자백하지 않는다면 각각 6개월을 복역하게 된다.
> 죄수의 딜레마에서 실험자들은 개인에게 있어 이익이 최대화된다는 가정 아래 움직이기 때문에 결과적으로는 모든 참가자가 배신을 선택하는 결과가 된다. 즉, 자신의 최대 이익을 노리려던 선택이 오히려 둘 모두에게 배신하지 않는 선택보다 나쁜 결과를 불러오는 것이다.
> 팃포탯 전략은 1979년 액설로드가 죄수의 딜레마를 해결하기 위해 개최한 1·2차 리그 대회에서 우승한 프로그램의 짧고 간단한 핵심 전략이다. 캐나다 토론토 대학의 심리학자인 아나톨 라포트 교수가 만든 팃포탯은 상대가 배신한다면 나도 배신을 하고, 상대가 의리를 지킨다면 의리로 대응한다는 내용을 담고 있다. 이 단순한 전략을 통해 팃포탯은 총 200회의 거래에서 유수의 컴퓨터 프로그램을 제치고 우승을 차지할 수 있었다.
> 대회가 끝난 후 액설로드는 참가한 모든 프로그램들의 전략을 '친절한 전략'과 '비열한 전략'으로 나누었는데, 친절한 전략으로 분류된 팃포탯을 포함해 대체적으로 친절한 전략을 사용한 프로그램들이 좋은 성적을 냈다는 사실을 확인할 수 있었다. 그리고 그중에서도 팃포탯이 두 차례 모두 우승할 수 있었던 것은 비열한 전략을 사용하는 프로그램에게는 마찬가지로 비열한 전략으로 대응했기 때문임을 알게 되었다.

① 액설로드가 만든 팃포탯은 죄수의 딜레마에서 우승할 수 있는 가장 유력한 전략이다.
② 죄수의 딜레마에서 자신의 이득이 최대로 나타나는 경우는 죄를 자백하지 않는 것이다.
③ 액설로드는 리그 대회를 통해 팃포탯과 같은 대체로 비열한 전략을 사용하는 프로그램이 좋은 성적을 냈다는 사실을 알아냈다.
④ 대회에서 우승한 팃포탯 전략은 비열한 전략을 친절한 전략보다 많이 사용했다.
⑤ 팃포탯 전략이 우승한 것은 비열한 전략에는 마찬가지로 비열하게 대응했기 때문이다.

07 실증시험장에서 이뤄지는 실증에 대한 다음 글의 내용으로 적절하지 않은 것은?

전기환경장애 데이터 측정 및 분석

실증시험의 주요한 부분 중 하나인 전기환경장애 데이터 측정이다. 직류송전선로 주변에서 발생되는 코로나 소음, 이온류, 전계, TV와 라디오 전파 장애와 같은 사회적 민원을 야기할 수 있는 데이터를 실증선로 지표면에 설치된 각종 센서를 통해 수집한다. 다양한 기후 조건에서 장기간 수집된 전기환경장애 데이터들을 분석해 연구 결과를 실제 선로 설계에 반영한다.

HVDC 가공송전 기자재 및 운영 기술 검증

500kV HVDC 가공송전선로는 국내에서 최초로 시도되는 만큼 관련 기자재의 국산화를 위해 대부분 신규로 개발되었다. 고창 실증선로에서는 이렇게 신규 개발된 송전용 기자재의 설치와 운영을 통하여 설계를 검증하고 문제점을 개선해 나간다. 또한 직류 가공송전선로 운영에서 발생할 수 있는 각종 사고나 예방 정비 활동과 관련해 운영 기술 및 절차서 수립을 위해 직류송전선로 활성 공법, 직류애자 세정 기술, 작업자 보호복 개발과 같은 관련 연구도 함께 수행하고 있다.

공기절연거리 설계 적정성 검증

공기절연거리 설계는 쉽게 말해 직류 500kV 가공송전선로를 건설함에 있어 상시 전류가 흐르는 도체와 주변 물체(철탑 및 기자재 등) 간에 전기적 안정성을 위한 최소 이격 거리를 산정하는 것이다. 이미 국내외 여러 문헌에서 많은 실험과 경험을 통해 공기절연거리 산출식이 발표되었으며, 이번 500kV HVDC 가공송전선로에서도 이러한 실험식을 적용하여 공기절연거리를 설계하였다. 이곳에서는 계산식을 통하여 설계된 공기절연거리를 실제 실험으로 검증하고 있다.

① 사회적 민원을 야기할 수 있는 부분에 대해 철저히 실증하고 있다.
② 가공송전선로는 국내에서 최초로 실증되었지만 수입 기자재에 의존하고 있다.
③ 각종 사고나 예방정비활동과 관련한 연구도 함께 수행하고 있다.
④ 공기절연거리는 전기적 안정성과 관련된 최소 이격 거리를 말한다.
⑤ 장기간 수집된 전기환경장애 데이터를 토대로 하여 실제 선로 설계에 반영한다.

08 어떤 물건 X, Y를 조립할 때 필요한 부품 A, B의 개수와 가격이 다음과 같다고 한다. X, Y를 각각 100개씩 조립할 때 필요한 금액의 차이는?

〈조립 시 필요한 부품 A, B 수량〉

(단위 : 개)

구분	A	B
X	10	8
Y	6	12

〈부품 A, B 가격〉

(단위 : 원)

부품	A	B
가격	4,000	3,500

① 100,000원
② 200,000원
③ 300,000원
④ 400,000원
⑤ 500,000원

09 다음은 나이를 나타내는 한자어이다. 삼촌과 민수의 나이의 합은 미수를 나타내는 나이와 같고 나이의 차는 이립을 나타내는 나이와 같을 때, 삼촌의 나이는?

- 15세 → 지학(志學)
- 30세 → 이립(而立)
- 40세 → 불혹(不惑)
- 50세 → 지천명(知天命)
- 77세 → 희수(喜壽)
- 88세 → 미수(米壽)

① 56세
② 59세
③ 62세
④ 65세
⑤ 68세

10 6%의 소금물 200g에서 소금물을 조금 덜어낸 후 덜어낸 양의 절반만큼 물을 넣고 2%의 소금물을 넣었더니 3%의 소금물 300g이 되었다. 더 넣은 2% 소금물의 양은?

① 150g

② 135g

③ 120g

④ 105g

⑤ 90g

11 다음은 K기업의 마케팅부 직원 40명을 대상으로 1년 동안 이수한 마케팅 교육의 이수 시간을 조사한 도수분포표이다. 직원들 중 임의로 한 명을 뽑을 때, 뽑힌 직원의 1년 동안의 교육 이수 시간이 40시간 이상일 확률은?

교육 이수 시간	도수
20시간 미만	3
20시간 이상 30시간 미만	4
30시간 이상 40시간 미만	9
40시간 이상 50시간 미만	12
50시간 이상 60시간 미만	a
합계	40

① $\dfrac{2}{5}$

② $\dfrac{3}{5}$

③ $\dfrac{3}{10}$

④ $\dfrac{7}{10}$

⑤ $\dfrac{17}{30}$

12 다음은 A, B상품의 계절별 판매량을 나타낸 그래프이다. 이에 대한 설명으로 옳지 않은 것은?

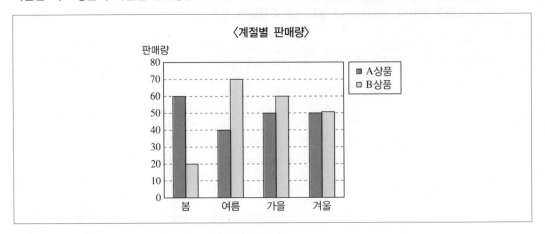

① A상품과 B상품의 연간 판매량은 모두 200 이상이다.
② A상품 판매량의 표준편차는 B상품 판매량의 표준편차보다 크다.
③ A상품과 B상품의 판매량의 합이 가장 적은 계절은 봄이다.
④ 두 상품의 판매량의 차는 봄에서부터 시간이 지남에 따라 감소한다.
⑤ B상품은 여름에 잘 팔리는 물건이다.

13 다음은 2024년도 연령별 인구수 현황을 나타낸 그래프이다. 각 연령대를 기준으로 남성 인구가 40% 이하인 연령대 ㉠과 여성 인구가 50% 초과 60% 이하인 연령대 ㉡을 바르게 나열한 것은?

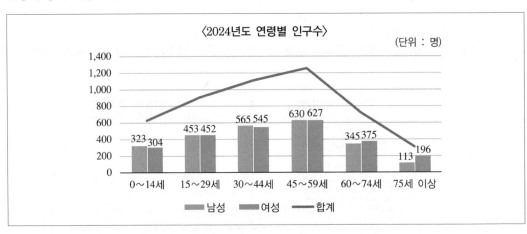

	㉠	㉡
①	0 ~ 14세	15 ~ 29세
②	30 ~ 44세	15 ~ 29세
③	45 ~ 59세	60 ~ 74세
④	75세 이상	60 ~ 74세
⑤	75세 이상	45 ~ 59세

14 2014년 대비 2024년 농업 종사자의 증감률은 −20%이고, 2014년 대비 2024년 광공업 종사자의 증감률은 20%이다. 2024년 서비스업 종사자는 2014년에 비해 몇 만 명이나 증가했는가?

〈2014년과 2024년 업종별 종사자 수〉

(단위 : 만 명)

구분	농업	광공업	서비스업	합계
2014년	150	( )	( )	1,550
2024년	( )	300	( )	2,380

① 630만 명

② 720만 명

③ 810만 명

④ 900만 명

⑤ 1,150만 명

15 A ~ G 7명은 주말 여행지를 고르기 위해 투표를 진행하였다. 다음 〈조건〉과 같이 투표를 진행하였을 때, 투표를 하지 않은 사람을 모두 고르면?

> **조건**
> • D나 G 중 적어도 한 명이 투표하지 않으면, F는 투표한다.
> • F가 투표하면, E는 투표하지 않는다.
> • B나 E 중 적어도 한 명이 투표하지 않으면, A는 투표하지 않는다.
> • A를 포함하여 투표한 사람은 모두 5명이다.

① B, E

② B, F

③ C, D

④ C, F

⑤ F, G

※ 다음은 의류 사업을 하는 K기업과 해외업체와의 협력 관계 구축에 대한 자료이다. 이어지는 질문에 답하시오.
  [16~17]

> K기업의 신대리는 외부업체와 업무를 진행하고 있다. K기업과 외부업체는 각자의 적정 시간을 정하기 위한 회의를 진행하려고 한다.
> • K기업과 해외업체의 시차는 10시간이며, K기업(한국 시간)이 해외업체보다 10시간 빠르다.
> • 신대리의 업무시간은 오전 9시부터 오후 6시까지이나, 해외업체와 업무가 진행되는 경우에는 밤 10시까지 야근을 한다.
> • 해외업체도 오전 9시부터 오후 6시까지 근무를 한다.
> • 회의시간은 야근시간을 포함한 근무시간에 하는 것을 원칙으로 하며, 회의시간은 1시간으로 한다.

16 신대리가 해외업체 담당자와 회의시간을 정하려고 할 때, 가장 적절한 시간은 언제인가?

① 12 ~ 15시
② 13 ~ 16시
③ 15 ~ 17시
④ 17 ~ 19시
⑤ 19 ~ 22시

17 회의를 마친 후 신대리는 해외업체에 필요한 자료를 보내주기로 하였다. 해외업체 담당자가 현지 시간으로 4월 6일 12시까지 자료를 보내달라고 하였다. 신대리는 4월 6일 오후 7시에 자료 준비를 시작하고 완료한 후 바로 해외업체 담당자가 요청한 시간에 제출했다. 신대리가 자료를 준비하는 데 소요된 시간은?

① 1시간
② 2시간
③ 3시간
④ 4시간
⑤ 5시간

18 A대리는 사내 체육대회의 추첨에서 당첨된 직원들에게 나누어줄 경품을 선정하고 있다. 〈조건〉이 모두 참일 때, 다음 중 반드시 참인 것은?

> **조건**
> • A대리는 펜, 노트, 가습기, 머그컵, 태블릿PC, 컵받침 중 3종류의 경품을 선정한다.
> • 머그컵을 선정하면 노트는 경품에 포함하지 않는다.
> • 노트는 반드시 경품에 포함된다.
> • 태블릿PC를 선정하면, 머그컵을 선정한다.
> • 태블릿PC를 선정하지 않으면, 가습기는 선정되고 컵받침은 선정되지 않는다.

① 펜은 경품으로 선정된다.
② 컵받침은 경품으로 선정된다.
③ 태블릿PC는 경품으로 선정된다.
④ 가습기는 경품으로 선정되지 않는다.
⑤ 머그컵과 가습기 모두 경품으로 선정된다.

19 다음 〈조건〉에 따라 A~D 4명이 각각 빨간색, 파란색, 노란색, 초록색의 모자, 티셔츠, 바지를 입고 있을 때, 추론으로 가장 적절한 것은?

> **조건**
> • 한 사람이 입고 있는 모자, 티셔츠, 바지의 색깔은 서로 겹치지 않는다.
> • 네 가지 색깔의 의상들은 각각 한 벌씩밖에 없다.
> • A는 빨간색을 입지 않았다.
> • C는 초록색을 입지 않았다.
> • D는 노란색 티셔츠를 입었다.
> • C는 빨간색 바지를 입었다.

① A의 티셔츠는 노란색이다.
② B의 바지는 초록색이다.
③ D의 바지는 빨간색이다.
④ B의 모자와 D의 바지의 색상은 서로 같다.
⑤ A의 티셔츠와 C의 모자의 색상은 서로 같다.

20 A ~ D는 구두를 사기 위해 신발가게에 갔다. 신발가게에서 세일을 하는 품목은 빨간색, 주황색, 노란색, 초록색, 파란색, 남색, 보라색 구두이고 각각 한 켤레씩 남았다. 다음 〈조건〉을 만족할 때, A는 주황색 구두를 제외하고 어떤 색의 구두를 샀는가?(단, 빨간색 – 초록색, 주황색 – 파란색, 노란색 – 남색은 보색 관계이다)

> 조건
> • A는 주황색을 포함하여 두 켤레를 샀다.
> • C는 빨간색 구두를 샀다.
> • B, D는 파란색을 좋아하지 않는다.
> • C, D는 같은 수의 구두를 샀다.
> • B는 C가 산 구두와 보색 관계인 구두를 샀다.
> • D는 B가 산 구두와 보색 관계인 구두를 샀다.
> • 모두 서로 다른 구두를 한 켤레 이상씩 샀으며, 네 사람은 세일품목을 모두 샀다.

① 노란색   ② 초록색
③ 파란색   ④ 남색
⑤ 보라색

21 다음은 대화 과정에서 지켜야 할 협력의 원리에 대한 글이다. 〈보기〉의 사례에 대한 설명으로 가장 적절한 것은?

> 협력의 원리란 대화 참여자가 대화의 목적에 최대한 기여할 수 있도록 서로 협력해야 한다는 것으로, 듣는 사람이 요구하지 않은 정보를 불필요하게 많이 제공하거나 대화의 목적이나 주제에 맞지 않는 내용을 말하는 것은 바람직하지 않다. 협력의 원리를 지키기 위해서는 다음과 같은 사항을 고려해야 한다.
> • 양의 격률 : 필요한 만큼만 정보를 제공해야 한다.
> • 질의 격률 : 타당한 근거를 들어 진실한 정보를 제공해야 한다.
> • 관련성의 격률 : 대화의 목적이나 주제와 관련된 것을 말해야 한다.
> • 태도의 격률 : 모호하거나 중의적인 표현을 피하고, 간결하고 조리 있게 말해야 한다.

> 보기
> A사원 : 오늘 점심은 어디로 갈까요?
> B대리 : 아무거나 먹읍시다. 오전에 간식을 먹었더니 배가 별로 고프진 않은데, 아무 데나 괜찮습니다.

① B대리는 불필요한 정보를 제공하고 있으므로 양의 격률을 지키지 않았다.
② B대리는 거짓된 정보를 제공하고 있으므로 질의 격률을 지키지 않았다.
③ B대리는 질문에 적합하지 않은 대답을 하고 있으므로 관련성의 격률을 지키지 않았다.
④ B대리는 대답을 명료하게 하지 않고 있으므로 태도의 격률을 지키지 않았다.
⑤ A대리와 B대리는 서로 협력하여 의미 전달을 하고 있으므로 협력의 원리를 따르고 있다.

22 다음 글의 논지를 약화시킬 수 있는 내용으로 가장 적절한 것은?

온갖 사물이 뒤섞여 등장하는 사진들에서 고양이를 틀림없이 알아보는 인공지능이 있다고 해 보자. 이러한 식별 능력은 고양이 개념을 이해하는 능력과 어떤 관계가 있을까? 고양이를 실수 없이 가려내는 능력이 고양이 개념을 이해하는 능력의 필요충분조건이라고 할 수 있을까?

먼저, 인공지능이든 사람이든 고양이 개념에 대해 이해하면서도 영상 속의 짐승이나 사물이 고양이인지 정확히 판단하지 못하는 경우는 있을 수 있다. 예를 들어, 누군가가 전형적인 고양이와 거리가 먼 희귀한 외양의 고양이를 보고 "좀 이상하게 생긴 족제비로군요."라고 말했다고 해 보자. 이것은 틀린 판단이지만, 그렇다고 그가 고양이 개념을 이해하지 못하고 있다고 평가하는 것은 부적절한 일일 것이다.

이번에는 다른 예로 누군가가 영상 자료에서 가을에 해당하는 장면들을 실수 없이 가려낸다고 해 보자. 그는 가을 개념을 이해하고 있다고 보아야 할까? 그 장면들을 실수 없이 가려낸다고 해도 그가 가을이 적잖은 사람들을 왠지 쓸쓸하게 하는 계절이라든가, 농경 문화의 전통에서 수확의 결실이 있는 계절이라는 것, 혹은 가을이 지구 자전축의 기울기와 유관하다는 것 등을 반드시 알고 있는 것은 아니다. 심지어 가을이 지구의 1년을 넷으로 나눈 시간 중 하나를 가리킨다는 사실을 모르고 있을 수도 있다. 만일 가을이 여름과 겨울 사이에 오는 계절이라는 사실조차 모르는 사람이 있다면 우리는 그가 가을 개념을 이해하고 있다고 인정할 수 있을까? 그것은 불합리한 일일 것이다.

가을이든 고양이든 인공지능이 그런 개념들을 충분히 이해하는 것은 영원히 불가능하다고 단언할 이유는 없다. 하지만 우리가 여기서 확인한 점은 개념의 사례를 식별하는 능력이 개념을 이해하는 능력을 함축하는 것은 아니고, 그 역도 마찬가지라는 것이다.

① 인간 개념과 관련된 모든 지식을 가진 사람은 아무도 없겠지만 우리는 대개 인간과 인간 아닌 존재를 어렵지 않게 구별할 줄 안다.

② 어느 정도의 훈련을 받은 사람은 병아리의 암수를 정확히 감별하지만, 그렇다고 암컷과 수컷 개념을 이해하고 있다고 볼 이유는 없다.

③ 자율주행 자동차에 탑재된 인공지능이 인간 개념을 이해하고 있지 않다면 동물 복장을 하고 횡단보도를 건너는 인간 보행자를 인간으로 식별하지 못한다.

④ 정육면체 개념을 이해할 리가 없는 침팬지도 다양한 형태의 크고 작은 상자들 가운데 정육면체 모양의 상자에만 숨겨둔 과자를 족집게같이 찾아낸다.

⑤ 10월 어느 날 남반구에서 북반구로 여행을 간 사람이 그곳의 계절을 봄으로 오인한다고 해서 그가 봄과 가을의 개념을 잘못 이해하고 있다고 할 수는 없다.

23 다음 글의 내용으로 적절하지 않은 것은?

일반적으로 문화는 '생활양식' 또는 '인류의 진화로 이룩된 모든 것'이라는 포괄적인 개념을 갖고 있다. 이렇게 본다면 언어는 문화의 하위 개념에 속하는 것이다. 그러나 언어는 문화의 하위 개념에 속하면서도 문화 자체를 표현하여 그것을 전파·전승하는 기능도 한다. 이로 보아 언어에는 그것을 사용하는 민족의 문화와 세계 인식이 녹아 있다고 할 수 있다. 가령 '사촌'이라고 할 때, 영어에서는 'Cousin'으로 이를 통칭하는 것을 우리말에서는 친·외, 고종·이종 등으로 구분하고 있다. 친족 관계에 대한 표현에서 우리말이 영어보다 좀 더 섬세하게 되어 있는 것이다. 이것은 친족 관계를 좀 더 자세히 표현하여 차별 내지 분별하려 한 우리 문화와 그것을 필요로 하지 않는 영어권 문화의 차이에서 기인한 것이다.

문화에 따른 이러한 언어의 차이는 낱말에서만이 아니라 어순에서도 나타난다. 우리말은 영어와 주술 구조가 다르다. 우리말은 주어 다음에 목적어, 그 뒤에 서술어가 온다. 이에 비해 영어에서는 주어 다음에 서술어, 그 뒤에 목적어가 온다. 우리말의 경우 '나는 너를 사랑한다.'라고 할 때, '나'와 '너'를 먼저 밝히고, 그 다음에 '나의 생각'을 밝히는 것에 비하여, 영어에서는 '나'가 나오고, 그 다음에 '나의 생각'이 나온 뒤에 목적어인 '너'가 나온다. 이러한 어순의 차이는 결국 나의 의사보다 상대방에 대한 관심을 먼저 보이는 우리말과 나의 의사를 밝히는 것이 먼저인 영어를 사용하는 사람들의 문화 차이에서 기인한 것이다. 대화를 할 때 다른 사람을 대우하는 것에서도 이런 점을 발견할 수 있다.

손자가 할아버지에게 무엇을 부탁하는 경우를 생각해 보자. 이 경우 영어에서는 'You do it, please.'라고 하고, 우리말에서는 '할아버지께서 해 주세요.'라고 한다. 영어에서는 상대방이 누구냐에 관계없이 상대방을 가리킬 때 'You'라는 지칭어를 사용하고, 서술어로는 'do'를 사용한다. 그런데 우리말에서는 상대방을 가리킬 때, 무조건 영어의 'You'에 대응하는 '당신(너)'이라는 말만을 쓰는 것은 아니고 상대에 따라 지칭어를 달리 사용한다. 이뿐만 아니라 영어의 'do'에 대응하는 서술어도 상대에 따라 '해 주어라, 해 주게, 해 주오, 해 주십시오, 해 줘, 해 줘요'로 높임의 표현을 달리한다. 이는 우리말이 서열을 중시하는 전통적인 유교 문화를 반영하고 있기 때문이다. 언어는 단순한 음성기호 이상의 의미를 지니고 있다. 앞의 예에서 알 수 있듯이 언어에는 그 언어를 사용하는 민족의 문화가 용해되어 있다. 따라서 우리 민족이 한국어라는 구체적인 언어를 사용한다는 것은 단순히 지구상에 있는 여러 언어 가운데 개별 언어 한 가지를 쓴다는 사실만을 의미하지는 않는다. 한국어에는 우리 민족의 문화와 세계 인식이 녹아 있기 때문이다. 따라서 우리말에 대한 애정은 우리 문화에 대한 사랑이요, 우리의 정체성을 살릴 수 있는 길일 것이다.

① 언어는 문화를 표현하고 전파·전승하는 기능을 한다.
② 문화의 하위 개념인 언어는 문화와 밀접한 관련이 있다.
③ 영어에 비해 우리말은 친족 관계를 나타내는 표현이 다양하다.
④ 우리말에 높임 표현이 발달한 것은 서열을 중시하는 문화가 반영된 것이다.
⑤ 우리말의 문장 표현에서는 상대방에 대한 관심보다는 나의 생각을 우선시한다.

24 가로, 세로의 길이가 각각 30cm, 20cm인 직사각형이 있다. 가로의 길이를 줄여서 직사각형의 넓이를 $\frac{1}{3}$ 이하로 줄이고자 할 때, 가로를 최소 몇 cm 이상 줄여야 하는가?

① 10cm
② 20cm
③ 30cm
④ 40cm
⑤ 50cm

25 재무회계팀에 근무하는 귀하는 퇴직금 산출법을 참고하여 퇴직금을 정산하는 업무를 담당한다. 이번 달에 퇴직하는 A ~ D씨의 퇴직자 연금액수 산출 자료를 통해 귀하가 예상할 수 있는 것은?

〈퇴직금 산출법〉

퇴직할 때 받게 되는 연금액수는 근무연수와 최종평균보수월액에 의해 결정된다. 연금액수 산출 방법에는 월별연금 지급 방식과 일시불연금 지급 방식이 있다.
(1) (월별연금 지급액)＝(최종평균보수월액)×{0.5＋0.02×[(근무연수)－20]}
  (다만, 월별연금 지급액은 최종평균보수월액의 80%를 초과할 수 없다)
(2) (일시불연금 지급액)
  ＝[(최종평균보수월액)×(근무연수)×2]＋{(최종평균보수월액)×[(근무연수)－5]×0.1}

〈퇴직자 연금액수 산출 자료〉

퇴직자	근무연수(년)	최종평균보수월액(만 원)
A	20	100
B	35	100
C	37	100
D	10	200

① A가 100개월만 연금을 받을 수 없다면 월별연금보다 일시불연금을 선택하는 것이 유리할 것이다.
② A의 일시불연금 지급액은 D의 일시불연금 지급액보다 적을 것이다.
③ C가 B보다 월별연금 지급액을 4만 원 더 받게 될 것이다.
④ D가 월급에 변화 없이 10년을 더 근무한다면 D의 일시불연금 지급액은 현재 받을 수 있는 일시불연금 지급액의 두 배가 넘을 것이다.
⑤ A가 받을 수 있는 월별연금 지급액은 최종평균보수월액의 80%를 초과한다.

26 다음은 여러 통화의 원화 환율을 나타낸 자료이다. 〈보기〉의 A ~ D가 외화 환전으로 얻은 이익 중 최대 이익과 최소 이익의 차는 얼마인가?

〈통화 원화 환율〉

(단위 : 원)

구분	1월 1일	3월 23일	6월 12일
1달러	1,180	1,215	1,190
1유로	1,310	1,370	1,340
1위안	165	175	181
100엔	1,090	1,105	1,085

보기
- A는 1월 1일에 원화를 300달러로 환전하였고, 이 중에서 100달러를 3월 23일에, 나머지 200달러를 6월 12일에 다시 원화로 환전하였다.
- B는 1월 1일에 원화를 3,000엔으로 환전하였고, 이 중에서 1,000엔을 3월 23일에, 나머지 2,000엔을 6워 12일에 원화로 환전하였다.
- C는 1월 1일에 원화를 1,000위안으로 환전하였고, 이 중에서 300위안을 3월 23일에, 나머지 700위안을 6월 12일에 원화로 환전하였다.
- D는 1월 1일에 원화를 400유로로 환전하였고, 이 중에서 200유로를 3월 23일에, 나머지 200유로를 6월 12일에 원화로 환전하였다.

① 16,450원
② 17,950원
③ 18,500원
④ 18,750원
⑤ 19,000원

27 다음은 중국에 진출한 프렌차이즈 커피전문점에 대해 SWOT 분석을 한 자료이다. 빈칸 (가) ~ (라)에 들어갈 전략을 바르게 나열한 것은?

강점(Strength)	약점(Weakness)
• 풍부한 원두커피의 맛 • 독특한 인테리어 • 브랜드 파워 • 높은 고객충성도	• 낮은 중국 내 인지도 • 높은 시설비 • 비싼 임대료
기회(Opportunity)	위협(Threat)
• 중국 경제 급성장 • 서구문화에 대한 관심 • 외국인 집중 • 경쟁업체 진출 미비	• 중국의 차 문화 • 유명 상표 위조 • 커피 구매 인구의 감소

(가)	(나)
• 브랜드가 가진 미국 고유문화 고수 • 독특하고 차별화된 인테리어 유지 • 공격적 점포 확장	• 외국인이 많은 곳에 점포 개설 • 본사 직영으로 인테리어
(다)	(라)
• 고품질 커피로 상위 소수 고객에 집중	• 녹차 향 커피 • 개발 상표 도용 감시

	(가)	(나)	(다)	(라)
①	SO전략	ST전략	WO전략	WT전략
②	WT전략	ST전략	WO전략	SO전략
③	SO전략	WO전략	ST전략	WT전략
④	ST전략	WO전략	SO전략	WT전략
⑤	WT전략	WO전략	ST전략	SO전략

※ K악기회사는 기타를 만들 때마다 다음과 같은 규칙을 적용하여 시리얼 번호를 부여하고 있다. 창고에 남은 기타들의 시리얼 넘버를 정리한 자료가 〈보기〉와 같을 때, 이어지는 질문에 답하시오. **[28~29]**

〈K악기회사 시리얼 번호 부여 방법〉

MZ09042589	M	생산한 공장을 의미한다(M=멕시코).
	Z	생산한 시대를 의미한다(Z=2000년대).
	0904	생산연도와 월을 의미한다(09=2009년, 04=4월).
	2589	생산된 순서를 의미한다(2589번).

생산한 공장		생산한 시대	
미국	U	1960년대	V
중국	C	1970년대	W
베트남	V	1980년대	X
멕시코	M	1990년대	Y
필리핀	P	2000년대	Z
인도네시아	I	2010년대	A

28 〈보기〉의 시리얼 번호를 생산한 공장을 기준으로 분류할 경우 총 몇 개의 분류로 나뉠 수 있는가?

보기

CZ09111213	VA27126459	IA12025512	VZ09080523	MX95025124	PA15114581	VY94085214	IZ04081286
PY93122569	MZ06077856	MY03123268	VZ03033231	CZ05166237	VA13072658	CZ01120328	IZ08112384
MX89124587	PY96064568	CZ11128465	PY91038475	VZ09122135	IZ03081657	CA12092581	CY12056487
VZ08203215	MZ05111032	CZ05041249	IA12159561	MX83041235	PX85124982	IA11129612	PZ04212359
CY87068506	IA10052348	VY97089548	MY91084652	VA07107459	CZ09063216	MZ01124523	PZ05123458

① 2개　　　　　　　　　　　② 3개
③ 4개　　　　　　　　　　　④ 5개
⑤ 6개

29 〈보기〉의 시리얼 번호 중 생산연도와 월이 잘못 기입된 번호가 있다고 한다. 잘못 기입된 시리얼 번호는 총 몇 개인가?

① 10개　　　　　　　　　　② 11개
③ 12개　　　　　　　　　　④ 13개
⑤ 14개

30 콩쥐, 팥쥐, 향단, 춘향 네 사람은 함께 마을 잔치에 참석하기로 했다. 빨간색, 파란색, 노란색, 검은색 색깔별로 총 12개의 족두리, 치마, 고무신을 구입하여 각자 다른 색의 족두리, 치마, 고무신을 착용하기로 했다. 예를 들어, 어떤 사람이 빨간색 족두리, 파란색 치마를 착용한다면, 고무신은 노란색 또는 검은색으로 착용해야 한다. 다음 〈조건〉을 토대로 반드시 참인 것은?

> **조건**
> • 선호하는 것을 배정받고, 싫어하는 것은 배정받지 않는나.
> • 콩쥐는 빨간색 치마를 선호하고, 파란색 고무신을 싫어한다.
> • 팥쥐는 노란색을 싫어하고, 검은색 고무신을 선호한다.
> • 향단은 검은색 치마를 싫어한다.
> • 춘향은 빨간색을 싫어한다.

① 콩쥐는 검은색 족두리를 착용한다.
② 팥쥐는 노란색 족두리를 착용한다.
③ 향단은 파란색 고무신을 착용한다.
④ 춘향은 검은색 치마를 착용한다.
⑤ 빨간색 고무신을 착용하는 사람은 파란색 족두리를 착용한다.

31 다음은 기획안을 제출하기 위한 정보수집 전에 어떠한 정보를 어떻게 수집할지에 대한 '정보의 전략적 기획' 의 사례이다. S사원에게 필요한 정보로 적절하지 않은 것은?

> K기업의 S사원은 상사로부터 세탁기 신상품에 대한 기획안을 제출하라는 업무 지시를 받았다. 먼저 S사원은 기획안을 작성하기 위해 자신에게 어떠한 정보가 필요한지를 생각해 보았다. 개발하려는 세탁기 신상품의 콘셉트(Concept)는 중년층을 대상으로 한 실용적이고 경제적이며 조작하기 쉬운 것을 대표적인 특징으로 삼고 있다.

① 기존에 세탁기를 구매한 고객들의 데이터베이스로부터 정보가 필요할 수 있겠어.
② 현재 세탁기를 사용하면서 불편한 점은 무엇인지에 대한 정보가 필요하겠네.
③ 데이터베이스로부터 성별로 세탁기 선호 디자인에 대한 정보가 필요해.
④ 고객들의 세탁기에 대한 부담 가능한 금액은 얼마인지에 대한 정보도 필요할 것 같아.
⑤ 데이터베이스를 통해 중년층이 선호하는 디자인이나 색은 무엇인지에 대한 정보도 있으면 좋을 것 같군.

※ 다음은 자료, 정보, 지식을 구분해 놓은 것이다. 이어지는 질문에 답하시오. [32~33]

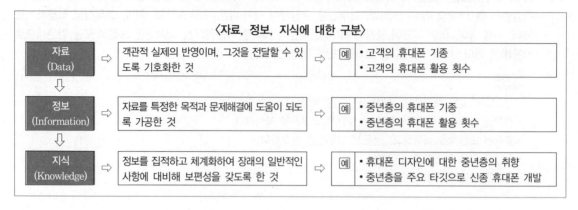

<자료, 정보, 지식에 대한 구분>

자료 (Data)	⇨	객관적 실제의 반영이며, 그것을 전달할 수 있도록 기호화한 것	⇨	[예] • 고객의 휴대폰 기종 • 고객의 휴대폰 활용 횟수
정보 (Information)	⇨	자료를 특정한 목적과 문제해결에 도움이 되도록 가공한 것	⇨	[예] • 중년층의 휴대폰 기종 • 중년층의 휴대폰 활용 횟수
지식 (Knowledge)	⇨	정보를 집적하고 체계화하여 장래의 일반적인 사항에 대비해 보편성을 갖도록 한 것	⇨	[예] • 휴대폰 디자인에 대한 중년층의 취향 • 중년층을 주요 타깃으로 신종 휴대폰 개발

32 다음 중 정보(Information)에 대한 사례를 〈보기〉에서 모두 고르면?

> 보기
>
> ㉠ 라면 종류별 전체 판매량 ㉡ 1인 가구의 인기 음식
> ㉢ 남성을 위한 고데기 개발 ㉣ 다큐멘터리와 예능 시청률
> ㉤ 만보기 사용 횟수 ㉥ 5세 미만 아동들의 선호 색상

① ㉠, ㉢ ② ㉡, ㉣
③ ㉡, ㉥ ④ ㉢, ㉥
⑤ ㉣, ㉤

33 다음 〈보기〉를 통해 추론할 수 있는 지식(Knowledge)으로 적절하지 않은 것은?

> 보기
>
> • 연령대별 선호 운동 • 직장인 평균 퇴근 시간
> • 실내운동과 실외운동의 성별 비율 • 운동의 목적에 대한 설문조사 자료
> • 선호하는 운동 부위의 성별 비율 • 운동의 실패 원인에 대한 설문조사 자료

① 퇴근 후 부담 없이 운동 가능한 운동기구 개발
② 20대~30대 남성들을 위한 실내 체육관 개설 계획
③ 요일마다 특정 운동 부위 발달을 위한 운동 가이드 채널 편성
④ 다이어트에 효과적인 식이요법 자료 발행
⑤ 목적에 맞는 운동 프로그램 계획 설계

34 다음 그림의 [C2:C3] 셀처럼 수식을 작성한 셀에 결괏값 대신 수식 자체가 표시되도록 하는 방법으로 가장 적절한 것은?

▲	A	B	C
1	국어	국사	총점
2	93	94	=SUM(A2:B2)
3	92	88	=SUM(A3:B3)

① [수식] 탭 – [수식 분석] 그룹 – [수식 표시] 클릭

② [보기] 탭 – [표시 / 숨기기] 그룹 – [수식 입력줄] 클릭

③ [셀 서식] – [표시 형식] 탭 – [수식] – 선택

④ [셀 서식] – [표시 형식] 탭 – [계산식] – 선택

⑤ [수식] 탭 – [수식 분석] 그룹 – [수식 계산] 클릭

35 다음 중 파워포인트에서 도형을 그릴 때 적절하지 않은 것은?

① 타원의 경우 도형 선택 후 〈Shift〉를 누르고 드래그하면 정원으로 크기 조절이 가능하다.

② 도형 선택 후 〈Shift〉를 누르고 도형을 회전시키면 30° 간격으로 회전시킬 수 있다.

③ 타원을 중심에서부터 정비례로 크기를 조절하려면 〈Ctrl〉+〈Shift〉를 함께 누른 채 드래그한다.

④ 도형 선택 후 〈Ctrl〉+〈D〉를 누르면 크기와 모양이 같은 도형이 일정한 간격으로 반복해서 나타난다.

⑤ 도형을 선택하고 〈Ctrl〉+〈Shift〉를 누르고 수직 이동하면 수직 이동된 도형이 하나 더 복사된다.

36 학교에서 자연어 처리(NLP)에 대해 배우고 있는 희영이는 간단한 실습 과제를 수행하는 중이다. 다음 글에서 희영이는 자연어 처리 과정 중 어떤 단계를 수행하는 중인가?

> 희영이는 프로그램이 잘 돌아가는지 확인하기 위해 시험 삼아 '나는 밥을 먹는다.'를 입력해보았다. 그 결과, '나/NP 는/JXS 밥/NNG 을/JKO 먹/VV 는다/EFN ./SF'가 출력되었다.

① 형태소 분석 ② 구문 분석

③ 의미 분석 ④ 특성 추출

⑤ 단어 분석

37 왼쪽 워크시트의 성명 데이터를 오른쪽 워크시트와 같이 성과 이름 두 개의 열로 분리하기 위해 [텍스트 나누기] 기능을 사용하고자 한다. 다음 중 [텍스트 나누기]의 분리 방법으로 가장 적절한 것은?

◢	A
1	김철수
2	박선영
3	최영희
4	한국인

◢	A	B
1	김	철수
2	박	선영
3	최	영희
4	한	국인

① 열 구분선을 기준으로 내용 나누기
② 구분 기호를 기준으로 내용 나누기
③ 공백을 기준으로 내용 나누기
④ 탭을 기준으로 내용 나누기
⑤ 행 구분선을 기준으로 내용 나누기

38 귀하는 회사 내의 자원봉사 활동으로 보육원에서 워드프로세서 강의를 맡게 되었다. 보육원에서 강의하는 내용 중 삽입, 삭제, 수정에 대해 잘못 설명한 것은?

① 삽입 상태에서 삽입할 위치에 커서를 두고 새로운 내용을 입력하면 원래의 내용은 뒤로 밀려나며 내용이 입력됩니다.
② 임의의 내용을 블록(영역) 지정한 후 〈Delete〉를 누르면 영역을 지정한 곳의 내용은 모두 삭제됩니다.
③ 〈Delete〉는 커서는 움직이지 않고 오른쪽 문자열을 하나씩 삭제합니다.
④ 〈Space Bar〉는 삽입 상태에서 커서를 오른쪽으로 이동시키면서 한 문자씩 삭제합니다.
⑤ 〈Insert〉를 누르면 삽입이나 수정이 가능합니다.

39 다음 중 엑셀의 틀 고정 및 창 나누기에 대한 설명으로 적절하지 않은 것은?

① 화면에 나타나는 창 나누기 형태는 인쇄 시 적용되지 않는다.
② 창 나누기를 수행하면 셀 포인터의 오른쪽과 아래쪽으로 창 구분선이 표시된다.
③ 창 나누기는 셀 포인터의 위치에 따라 수직, 수평, 수직·수평 분할이 가능하다.
④ 첫 행을 고정하려면 셀 포인터의 위치에 상관없이 [틀 고정]-[첫 행 고정]을 선택한다.
⑤ 셀 편집 모드에 있거나 워크시트가 보호된 경우에는 틀 고정 명령을 사용할 수 없다.

40 K기업 인사부에 근무하는 김대리는 신입사원들의 교육점수를 다음과 같이 정리한 후 VLOOKUP 함수를 이용해 교육점수별 등급을 입력하려고 한다. [E2:F8]의 데이터 값을 이용해 (A) 셀에 함수식을 입력한 후 자동 채우기 핸들로 사원들의 교육점수별 등급을 입력할 때, (A) 셀에 입력해야 할 함수식으로 옳은 것은?

	A	B	C	D	E	F
1	사원	교육점수	등급		교육점수	등급
2	최○○	100	(A)		100	A
3	이○○	95			95	B
4	김○○	95			90	C
5	장○○	70			85	D
6	정○○	75			80	E
7	소○○	90			75	F
8	신○○	85			70	G
9	구○○	80				

① =VLOOKUP(B2,E2:F8,2,1) ② =VLOOKUP(B2,E2:F8,2,0)

③ =VLOOKUP(B2,$E$2:$F$8,2,0) ④ =VLOOKUP(B2,$E$2:$F$8,1,0)

⑤ =VLOOKUP(B2,$E$2:$F$8,1,1)

41 다음은 기획부의 김대리가 업무를 효과적으로 수행하기 위해 작성한 업무 수행 시트이다. 김대리가 작성한 업무 수행 시트에 대한 설명으로 적절하지 않은 것은?

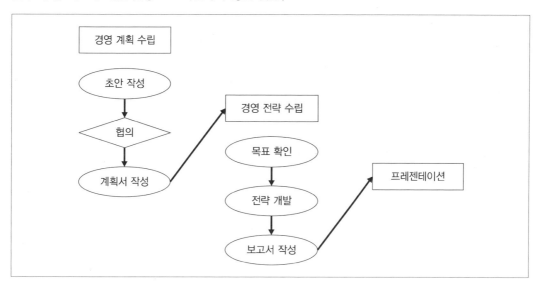

① 김대리가 수행할 업무의 흐름을 동적으로 보여준다.

② 단계별로 소요되는 시간을 확인할 수 있다.

③ 사각형의 업무는 김대리의 주요 업무를 나타낸다.

④ 타원형의 업무는 주요 업무의 세부 절차를 나타낸다.

⑤ 김대리는 구체적인 수행 계획을 세우기 위해 워크 플로 시트를 활용하였다.

※ 마이클 포터(Michael E. Porter)의 본원적 경쟁 전략과 관련된 다음 사례를 읽고 이어지는 질문에 답하시오.
 [42~43]

〈본원적 경쟁우위 전략〉

마이클 포터는 산업 내에서 효과적으로 경쟁할 수 있는 일반적인 형태의 전략을 제시하였다.

구분	저원가	차별화
광범위한 시장	비용우위 전략	차별화 전략
좁은 시장	차별화 전략	

〈사례 1〉

일본의 자동차 기업 T회사는 재고로 쌓이는 부품량을 최소화하기 위해 1990년대 초 'JIT'라는 혁신적인 생산 시스템을 도입했다. 그 결과 부품을 필요한 시기에 필요한 수량만큼 공급받아 재고비용을 대폭 줄일 수 있었다. 하지만 일본 대지진으로 위기를 겪고 이 시스템을 모든 공장에 적용하기에는 무리가 있다고 판단하여 기존 강점이라고 믿던 JIT 시스템을 개혁하여 재고를 필요에 따라 유동적으로 조절하는 방식을 채택했다. 그 결과 부품 공급 사슬과 관련한 정보 습득 능력이 높은 수준으로 개선되어 빈번한 자연재해에도 공장의 가동에 전혀 지장을 주지 않았고, 빠른 대응이 가능하게 되었다.

〈사례 2〉

포트 하워드 페이퍼(Fort H. Paper)는 광고 경쟁이나 계속적인 신제품 공급으로 타격을 받기 쉬운 일반 용품을 파는 대신, 몇 종류의 한정된 산업용지 생산에만 노력을 기울였으며, 포터 포인트(Porter Point)는 손수 집을 칠하는 아마추어용 페인트 대신 직업적인 페인트공을 대상으로 한 페인트나 서비스를 제공하는 데 주력했다. 서비스 형태는 적합한 페인트 선택을 위한 전문적 조언이나 아무리 적은 양이라도 작업장까지 배달해주는 일, 또는 직접 판매장에서 접대실을 갖추어 커피를 무료로 대접하는 일 등이 있다.

---

42 다음 〈보기〉 중 사례 1과 관련이 깊은 내용을 모두 고르면?

> **보기**
>
> ㉠ MP3 플레이어는 급격한 기술 변화에 의해 무용지물이 되어 스마트폰이 MP3를 대신하게 되었다.
> ㉡ A자동차 회사는 승용차 부문은 포기하고 상용차 부문만 집중적으로 공략하고 있다.
> ㉢ B전자 회사는 저가 전략뿐만 아니라 공격적인 투자를 통해 기술적인 차별화 전략을 함께 병행하고 있다.
> ㉣ 하르니쉬페거는 부품의 규격화와 여러 가지 형태 변화, 원자재 투입량의 감소 등을 통해 제작과 조작이 용이하게 크레인 설계를 변형했다.

① ㉠, ㉡
② ㉠, ㉣
③ ㉡, ㉣
④ ㉢, ㉣
⑤ ㉠, ㉡, ㉢

43 다음 중 사례 2에서 알 수 있는 내용으로 가장 거리가 먼 것은?

① 특정 목표에 대해 차별화될 수 있는 결과를 얻거나 낮은 원가를 실현할 수 있다.

② 특정 지역에 집중적으로 자원을 투입하면 그 지역에 적합한 제품이나 서비스를 제공함으로써 차별화할 수 있다.

③ 특정 시장을 공략한 경우, 세분화된 시장을 잘못 선택하면 수익성이 크게 떨어져 의도와는 다른 결과가 나타날 수도 있다.

④ 대체품과의 경쟁 가능성이 희박한 부문이나 경쟁 기업들의 가장 취약한 부문을 선택해서 집중적인 노력을 기울여 그 산업 내에서 평균 이상의 수익을 달성할 잠재력을 지닐 수 있다.

⑤ 특화된 제품을 사용하기를 원하는 소비자에 초점을 맞춘다면 경쟁력을 갖출 수 있다.

44 C사원은 베트남에서의 국내 자동차 판매량에 대해 조사를 하던 중 한 가지 특징을 발견했다. 베트남 사람들은 간접적인 방법을 통해 구매하는 것보다 매장에 직접 방문해 구매하는 것을 더 선호한다는 사실이다. 다음 중 C사원이 기획한 신사업 전략으로 적절하지 않은 것은?

① 인터넷과 TV광고 등 비대면 채널 홍보를 활성화한다.

② 쾌적하고 깔끔한 매장 환경을 조성한다.

③ 언제 손님이 방문할지 모르기 때문에 매장에 항상 영업사원을 배치한다.

④ 매장 곳곳에 홍보물을 많이 비치해둔다.

⑤ 정확한 설명을 위해 사원들에게 신차에 대한 정보를 숙지하게 한다.

45 업무상 미국인 C씨와 만나야 하는 B대리가 알아두어야 할 예절로 적절하지 않은 것은?

> A부장 : B대리, Q기업 C씨를 만날 준비는 다 되었습니까?
> B대리 : 네, 부장님. 필요한 자료는 다 준비했습니다.
> A부장 : 그래요. 우리 회사는 해외 진출이 경쟁사에 비해 많이 늦었는데 Q기업과 파트너만 된다면 큰 도움이 될 겁니다. 아, 그런데 업무 관련 자료도 중요하지만 우리랑 문화가 다르니까 실수하지 않도록 준비 잘 하세요.
> B대리 : 네, 알겠습니다.

① 무슨 일이 있어도 시간은 꼭 지켜야 한다.

② 악수를 할 때 눈을 똑바로 보는 것은 실례이다.

③ 어떻게 부를 것인지 상대방에게 미리 물어봐야 한다.

④ 명함은 악수를 한 후 교환한다.

⑤ 인사를 하거나 이야기할 때 어느 정도의 거리(공간)를 두어야 한다.

※ 다음 글을 읽고 이어지는 질문에 답하시오. [46~48]

과거에는 기업 자체적으로 기업 내부의 자원을 총동원하여 모든 문제를 해결하고 기업 혼자만의 기술과 능력으로 사업을 추진하는 것이 대세였다면 이제는 대부분의 기업과 스타트업들에 있어 ___㉠___ 이/가 거부할 수 없는 필수 요소가 되었다.

개방형 혁신 또는 열린 혁신으로 불리는 ___㉠___ 은/는 일반적으로 기업들이 자체 연구·개발 또는 사업화 과정에서 대학이나 다른 기업 및 연구소 등의 외부 기술과 지식을 접목하고 도입하거나 이를 활용하여 사업화함으로써 성과와 효율성을 극대화하려는 경영 전략이다. 기업에 필요한 기술과 아이디어를 외부에서 조달하는 한편 기업 내부의 자원을 외부와 공유하면서 혁신적인 새로운 제품이나 서비스를 만들어내는 것을 ___㉠___ (이)라고 할 수 있다. 이는 기업의 사업 환경이 빠르게 변화하면서 신속하게 대응하는 기업들의 생존 방식이라고도 할 수 있다.

___㉠___ 의 추진 과정에서 ___㉡___ 은/는 빼 놓을 수 없는 필수 요소이다. ___㉡___ (이)란 오스본에 의해 처음 소개되었으며 특정한 주제에 대해 두뇌에서 폭풍이 휘몰아치듯이 생각나는 아이디어를 가능한 모두 끌어내어 내놓는 것이다. 짧은 시간에 많은 아이디어를 생성해 내는 것이 목적이고 주로 집단의 회의, 토의, 토론 등에서 사용할 수 있다. 업무의 추진 과정에서 접하게 될 예측 가능한 모든 사안에 대하여 가능한 모든 원인을 찾아내는 데에도 ___㉡___ 처럼 유용한 것은 없다. 대부분의 다국적 기업들은 모든 문제해결과 외부 자원을 활용하고자 할 때 ___㉡___ 을/를 통해 성과를 내고 있기도 하다.

46 다음 중 빈칸 ㉠에 들어갈 내용으로 가장 적절한 것은?

① 애자일(Agile)
② 오픈 이노베이션(Open Innovation)
③ 데브옵스(DevOps)
④ 빅데이터(Big Data)
⑤ 브레인 라이팅(Brain Writing)

47 다음 중 ㉠의 사례로 적절하지 않은 것은?

① 일본 S맥주는 수제 맥주를 직접 만들고 싶은 소비자들을 웹사이트에서 모집해 삿포로 직원과 함께 컬래버 제품을 개발하고 있다. 이미 10종류의 맥주가 탄생했으며, S맥주는 이 중 일부를 연내 출시할 예정이다.
② 국내 K기업은 직원과 외부인 5~6명으로 팀을 구성해 새로운 제품을 개발하고 있으며 크게 파트너십과 벤처, 액셀러레이터, 인수 합병(M&A)의 네 가지 카테고리를 통해 전략을 운용하고 있다.
③ A사는 하드웨어 생산은 아웃소싱하지만 제품 개발은 철저히 비밀리에 내부적으로 진행하고 있다.
④ L장난감은 사이트를 통해 사용자의 디자인 평가와 새로운 아이디어를 공유, 신제품 개발에 활용하고 있다.
⑤ 국내 D제약은 줄기세포를 처음부터 개발한 게 아니라 대학이나 연구소에서 개발하던 것을 발굴하여 과감히 라이선스인한 것이다. 그뿐만 아니라 하버드대학과 컬럼비아대학에서 스핀아웃된 회사의 기술도 엎어 좀 더 나은 개발을 할 수 있도록 협력하고 있다.

48 다음 중 ⓛ과 같은 형태의 회의에 대한 특징으로 볼 수 없는 것은?

① 고정관념을 버린다.

② 의사결정에 있어 양보다 질을 추구한다.

③ 여러 사람의 아이디어를 활용하여 더 좋은 대안을 도출한다.

④ 자유로운 분위기를 조성한다.

⑤ 다른 사람이 아이디어를 제시할 때에는 비판하지 않는다.

※ 다음 K기업의 경영 전략을 읽고 이어지는 질문에 답하시오. [49~50]

지난 해 K기업은 총매출 기준으로 1조 2,490억 원을 달성했다. 이는 대한민국 인구 5,000만 명을 기준으로 했을 때, 인당 K기업 제품을 연간 약 20개를 구입한 셈이다. 평균가 1,200원 제품을 기준으로 했을 때는 연간 총 약 10억 개가 팔린 수치이다. 하루 평균 약 273만 개, 1시간당 약 11만 개, 1분당 약 1,830개, 1초당 약 30개가 팔린 것이다. 하루 K기업 매장을 이용하는 고객수도 일일 60만 명에 이르고 있다. 요즘 SNS상에는 K기업이라는 이름보다 '이거있소'라는 말이 더 많이 검색된다. "오늘 이거있소에서 득템했어.", "이거있소의 희귀템 추천합니다." 등은 없는 것이 없는 K기업을 지칭하는 말이다. 이같이 인식시킬 수 있었던 비결에는 K기업만의 차별화된 콘셉트와 마케팅 전략이 숨어 있기 때문이라고 K기업은 설명한다. ⓐ <u>1,000원 상품 비중이 50% 이상, 국산 제품 비중이 50% 이상이 어야 한다는 기본 경영철학하에 가격 고정이라는 카테고리 전략을 펼친 것이다.</u> 이것에 승부를 걸어온 K기업은 전국 어디에서나 일상생활에 필요한 모든 상품을 공급한다는 차별화된 정책을 지속하고 있다. 과거에는 불황 시대의 산물로 비춰진 적도 있었지만, 불황이나 호황에 구애받지 않는 것 또한 K기업만의 차별화된 행보이다. 매월 600여 개의 신제품을 쏟아내는 것 또한 K기업만의 차별화된 소싱 능력으로 꼽을 수 있다.

49 다음 중 ⓐ에 해당하는 K기업의 경영 전략에 해당하는 것은?

① 원가우위전략　　　　　　② 차별화전략

③ 집중화전략　　　　　　　④ 혁신전략

⑤ 비차별화전략

50 경영 전략은 전략 목표 설정, 전략 환경 분석, 경영 전략 도출, 경영 전략 실행, 전략 평가 및 피드백의 단계로 실행된다. 경영 전략의 5단계 추진 과정 중 윗글의 사례에 해당하는 것은?

① 전략 목표 설정　　　　　② 전략 환경 분석

③ 경영 전략 도출　　　　　④ 경영 전략 실행

⑤ 전략 평가 및 피드백

2일 차
기출응용 모의고사

〈문항 및 시험시간〉

구분	평가영역	문항 수	시험시간	모바일 OMR 답안채점/성적분석 서비스
신용보증기금	의사소통＋수리＋문제해결	20문항	25분	
기술보증기금	의사소통＋수리＋문제해결 ＋정보＋조직이해	50문항	60분	

※ 2024년 하반기 신용보증기금 필기전형에서는 1교시(80분)에 NCS(20문항)와 직무전공(48문항)을 통합하여 실시하였음을 알려드립니다.

2일 차 기출응용 모의고사

※ 1번부터 20번까지는 신용보증기금과 기술보증기금의 필기전형 공통영역으로 구성하였습니다.
  신용보증기금 응시생은 1번부터 20번까지, 기술보증기금 응시생은 1번부터 50번까지 학습하시기 바랍니다.

01 다음 글을 통해 추론할 수 있는 사실로 가장 적절한 것은?

> 옛날 사람들은 그저 활과 창과 검으로만 싸웠을까? 그 당시에도 로켓과 같은 병기가 있었다면 전투에서 쉽게 승리를 거두지 않았을까? 수백 년 전 우리나라에도 이러한 병기가 있었을까? 이런 의문에 많은 사람들은 그러한 병기는 없었을 것이라고 생각할 것이다. 그러나 실제 우리나라에는 지금의 로켓과 같은 첨단 병기가 있었다. 고려 말 화통도감에서 활약한 최무선이 개발한 '달리는 불'이라는 뜻의 '주화(走火)'가 그것이다. 이 주화는 우리나라 최초의 로켓 병기라고 할 수 있는데, 신기하게도 지금의 로켓과 유사한 구조와 동작 원리를 갖추고 있다.
>
> 주화는 1448년(세종 30년) 이전에 불린 이름이고, 그 이후에는 '신기전(神機箭)'으로 불렸다. 『병기도설』에는 신기전을 대신기전, 산화신기전, 중신기전, 소신기전으로 나누어 그 크기와 구조를 자세히 설명하였다. 그중 가장 큰 형태인 대신기전은 당시의 실제 전투에서 큰 위력을 발휘하였다.
>
> 대신기전은 발화통과 약통으로 구분된다. 이 발화통과 약통은 쇠촉이 부착되지 않은 대나무의 위 끝부분에 묶어 놓았으며, 아래 끝부분에는 발사체가 안정적으로 날아갈 수 있도록 균형을 유지해 주는 날개를 달아 놓았다. 폭발물인 발화통과 달리 약통은 목표물을 향해 날아가게 하는 역할을 한다.
>
> 대신기전의 몸체 역할을 하는 대나무의 맨 위에는 폭탄인 발화통을 장착하고, 그 발화통의 아래 부분에는 화약을 넣어 위 끝을 종이로 여러 겹 접어 막은 약통을 연결한다. 약통 밑부분의 점화선에 불을 붙이면 점화선이 타들어 가면서 약통 속의 화약에 불이 붙어 연소 가스를 만들고, 이 연소 가스는 약통 아래에 뚫려 있는 분사 구멍을 통하여 약통 밖으로 내뿜어진다. 이때 만들어지는 힘이 추진력이다. 그리고 약통의 윗면과 발화통 아랫면의 중앙에 각각 구멍을 뚫어 둘을 도화선으로 연결한다. 이와 같이 약통의 윗면에 폭탄인 발화통을 부착시켜 놓고 도화선으로 연결하는 것은 목표 지점으로 신기전이 날아가는 도중이거나 거의 날아갔을 즈음에 폭탄인 발화통이 자동적으로 폭발하게 하기 위함이다. 이 발화통이 신기전의 핵심적인 폭발체라고 할 수 있는데, 발화통 안에 화약 무게의 약 27% 정도에 해당하는 거친 쇳가루를 섞기 때문에 이 쇳가루가 파편 역할을 한다.
>
> 발화통까지 포함된 대신기전은 전체 길이가 약 5.6m의 대형 로켓으로 한 번에 여러 개를 날릴 수 있는 화차를 개발하여 사용하였다. 화차에는 바퀴가 달려 있어 적진의 위치에 따라 이동해 가는 데 매우 편리했다.

① 발화통의 길이가 1m라면 대신기전의 전체 길이는 6.6m이다.
② 대신기전의 추진력은 연결된 도화선을 통해 발화통이 폭발할 때 만들어진다.
③ 고려 말에 개발된 주화는 태조의 조선 건국 이후에도 주화로 불리며 사용되었다.
④ 약통이 없어도 발화통의 폭발만 있다면 대신기전은 목표물을 향해 날아갈 수 있다.
⑤ 대신기전의 맨 위에 있는 약통 바로 아래에는 발화통과 날개가 순서대로 구성되어 있다.

02 다음 글의 제목으로 가장 적절한 것은?

> 사회보장 제도는 사회 구성원에게 생활의 위험이 발생했을 때 사회적으로 보호하는 대응 체계를 가리키는 포괄적 용어로, 크게 사회보험·공공부조·사회서비스가 있다. 예를 들면 실직자들이 구직 활동을 포기하고 다시 노숙자가 되지 않도록 지원하는 것 등이 있다.
> 사회보험은 보험의 기전을 이용하여 일반 주민들을 질병·상해·폐질·실업·분만 등으로 인한 생활의 위협으로부터 보호하기 위하여 국가가 법에 의하여 보험 가입을 의무화하는 제도로, 개인적 필요에 따라 가입하는 민간보험과 차이가 있다.
> 공공부조는 극빈자, 불구자, 실업자 또는 저소득계층과 같이 스스로 생계를 영위할 수 없는 계층의 생활을 그들이 자립할 수 있을 때까지 국가가 재정기금으로 보호하여 주는 일종의 구빈 제도이다.
> 사회서비스는 복지 사회를 건설할 목적으로 법률이 정하는 바에 의하여 특정인에게 사회보장 급여를 국가 재정 부담으로 실시하는 제도로 군경, 전상자, 배우자 사후, 고아, 지적 장애아 등과 같은 특별한 사유가 있는 자나 노령자 등이 해당된다.

① 사회보장 제도의 의의
② 사회보장 제도의 대상자
③ 우리나라의 사회보장 제도
④ 사회보장 제도와 소득보장의 차이점
⑤ 사회보험 제도와 민간보험 제도의 차이

03 다음 글의 서술상 특징으로 가장 적절한 것은?

> 대통령 당선인이 신년사에서 새해를 법과 질서를 지키는 선진화의 원년으로 삼아 세계 일류 국가 만들기에 나서자고 제안했다.
> 우리 사회에서는 집단 이기적인 '떼법', 정체 불명의 '국민 정서법'이 실정법보다 더 위력을 발휘하고 있다. 중요한 것은 우리 사회에 이처럼 법과 원칙을 지키지 않고 큰소리부터 치고 보는 '고성불패(高聲不敗)'의 후진적 의식과 행태가 기승을 부리는 근본 원인이 공공 부문에 대한 불신에서 비롯된다는 사실이다.
> 최근 한국행정학회가 발표한 국가기관 신뢰도 조사에서는 정부와 공무원에 대한 국민들의 불신이 얼마나 뿌리 깊은가를 단적으로 보여준다. 조사 결과 행정부와 국회를 신뢰한다는 대답은 겨우 33%와 18%밖에 되지 않았다. 공권력을 상징하는 사법부에 대한 신뢰도 48%에 그쳤다.
> 대다수 국민들은 공직자들이 '소수 특권층을 위해 일하고 거의 법을 지키지 않으며 대부분 부패했다.'고 여기는 것으로 나타났다. 공공 부문의 무원칙한 인사와 도덕적 해이, 고질적인 예산 낭비, 쉴 새 없이 터지는 각종 비리와 부조리를 방치하면서 국민에게 법과 원칙을 강요하는 꼴이니 주객이 전도된 셈이다.
> 국가기관에 대한 불신은 '법대로 하면 손해'라는 그릇된 인식을 낳게 한 근본 원인이다. 법질서가 바로 서지 않고서는 선진 사회 진입도, 경제 성장 달성도 어렵다. 대통령 당선자는 법질서 준수는 국가도, 국민도, 대통령도 예외일 수 없다며 스스로 솔선수범할 것을 다짐했다. 새 정부에서는 법과 원칙이 바로 서 나라의 기강이 제대로 잡히기를 기대한다.

① 대통령 당선인의 말을 인용하여 자신의 주장을 뒷받침한다.
② 현상의 변천 과정을 고찰하고 향후의 발전 방향을 제시한다.
③ 주요 용어의 개념을 구체적으로 설명하며 독자의 이해를 돕는다.
④ 서로 대립하는 견해를 비교하고, 이를 통합하여 절충안을 제시한다.
⑤ 구체적 수치를 언급함으로써 국가기관에 대한 국민의 불신을 강조한다.

04 A사원과 B사원은 사내 웹진을 보다가 정보란에서 다음 글을 읽게 되었다. 질문의 답을 찾을 수 없는 것은?

해안에서 밀물에 의해 해수가 해안선에 제일 높게 들어온 곳과 썰물에 의해 제일 낮게 빠진 곳의 사이에 해당하는 부분을 조간대라고 한다. 지구상에서 생물이 살기에 열악한 환경 중 한 곳이 바로 이 조간대이다. 이곳의 생물들은 물에 잠겨 있을 때와 공기 중에 노출될 때라는 상반된 환경에 삶을 맞춰야 한다. 또한 갯바위에 부서지는 파도의 파괴력도 견뎌내야 한다. 빗물이라도 고이면 민물이라는 환경에도 적응해야 하며, 강한 햇볕으로 바닷물이 증발하고 난 다음에는 염분으로 범벅된 몸을 추슬러야 한다. 이러한 극단적이고 변화무쌍한 환경에 적응할 수 있는 생물만이 조간대에서 살 수 있다.

조간대는 높이에 따라 상부, 중부, 하부로 나뉜다. 바다로부터 가장 높은 곳인 상부는 파도가 강해야만 물이 겨우 닿는 곳이다. 그래서 조간대 상부에 사는 생명체는 뜨거운 태양열을 견뎌내야 한다. 중부는 만조 때는 물에 잠기지만 간조 때는 공기 중에 노출되는 곳이다. 그런데 물이 빠져 공기 중에 노출되었다 해도 파도에 의해 어느 정도의 수분은 공급된다. 가장 아래에 위치한 하부는 간조 때를 제외하고는 항상 물에 잠겨 있다. 땅 위 환경의 영향을 적게 받는다는 점에선 다소 안정적이긴 해도 파도의 파괴력을 이겨내기 위해 강한 부착력을 지녀야 한다는 점에서 생존이 쉽지 않은 곳이다.

조간대에 사는 생물들은 불안정하고 척박한 바다 환경에 적응하기 위해 높이에 따라 수직적으로 종이 분포한다. 조간대를 찾았을 때 총알고둥류와 따개비들을 발견했다면 그곳이 조간대에서 물이 가장 높이 올라오는 지점인 것이다. 이들은 상당 시간 물 밖에 노출되어도 수분 손실을 막기 위해 패각과 덮개판을 꼭 닫은 채 물이 밀려올 때까지 버텨낼 수 있다.

① 조간대에서 총알고둥류가 사는 곳은 어느 지점인가?
② 조간대의 중부에 사는 생물에는 어떠한 것이 있는가?
③ 조간대에서 높이에 따라 생물의 종이 수직으로 분포하는 이유는 무엇인가?
④ 조간대에 사는 생물들이 견뎌야 하는 환경적 조건에는 어떠한 것이 있는가?
⑤ 조간대의 상부에 사는 생물들의 환경 적응 방식의 예로는 어떠한 것이 있는가?

05 다음 글의 중심 주제로 가장 적절한 것은?

맹자는 다음과 같은 이야기를 전한다. 송나라의 한 농부가 밭에 나갔다 돌아오면서 처자에게 말한다. "오늘 일을 너무 많이 했다. 밭의 싹들이 빨리 자라도록 하나하나 잡아당겨줬더니 피곤하구나." 아내와 아이가 밭에 나가보았더니 싹들이 모두 말라 죽어 있었다. 이렇게 자라는 것을 억지로 돕는 일, 즉 조장(助長)하지 말라고 맹자는 말한다. 싹이 빨리 자라기를 바란다고 싹을 억지로 잡아 올려서는 안 된다. 목적을 이루기 위해 가장 빠른 효과를 얻고 싶겠지만 이는 도리어 효과를 놓치는 길이다. 억지로 효과를 내려고 했기 때문이다. 싹이 자라기를 바라 싹을 잡아당기는 것은 이미 시작된 과정을 거스르는 일이다. 효과가 자연스럽게 나타날 가능성을 방해하고 막는 일이기 때문이다. 싹의 성장 가능성은 땅속의 씨앗에 들어 있는 것이다. 개입하고 힘을 쏟고자 하는 대신에 이 잠재력을 발휘할 수 있도록 하는 것이 중요하다.

우리가 피해야 할 두 개의 암초가 있다. 첫째는 싹을 잡아당겨서 직접적으로 성장을 이루려는 것이다. 이는 목적성이 있는 적극적 행동주의로서 성장의 자연스러운 과정을 존중하지 않는 것이다. 달리 말하면 효과가 숙성되도록 놔두지 않는 것이다. 둘째는 밭의 가장자리에 서서 자라는 것을 지켜보는 것이다. 싹을 잡아당겨서도 안 되고 그렇다고 단지 싹이 자라는 것을 지켜만 봐서도 안 된다. 그렇다면 무엇을 해야 하는가? 싹 밑의 잡초를 뽑고 김을 매주는 일을 해야 하는 것이다. 경작이 용이한 땅을 조성하고 공기를 통하게 함으로써 성장을 보조해야 한다. 기다리지 못함도 삼가고 아무것도 안 함도 삼가야 한다. 작동 중에 있는 자연스런 성향이 발휘되도록 기다리면서도 전력을 다할 수 있도록 돕는 노력도 멈추지 말아야 한다.

① 인류 사회는 자연의 한계를 극복하려는 인위적 노력에 의해 발전해 왔다.
② 싹이 스스로 성장하도록 그대로 두는 것이 수확량을 극대화하는 방법이다.
③ 어떤 일을 진행할 때 가장 중요한 것은 명확한 목적을 설정하는 것이다.
④ 자연의 순조로운 운행을 방해하는 인간의 개입은 예기치 못한 화를 초래할 것이다.
⑤ 잠재력을 발휘하도록 하려면 의도적 개입과 방관적 태도 모두를 경계해야 한다.

여러 가지 센서 정보를 이용해 사람의 심리 상태를 파악할 수 있는 기술을 '감정인식(Emotion Reading)'이라고 한다. 음성인식 기술에 이 기술을 더할 경우 인간과 기계, 기계와 기계 간의 자연스러운 대화가 가능해진다. 사람의 감정 상태를 기계가 진단하고 기초적인 진료 자료를 내놓을 수도 있다. 경찰 등 수사기관에서도 활용이 가능하다. 실제로 상상을 넘어서는 수준의 놀라운 감정인식 기술이 등장하고 있다. 러시아 모스크바에 본사를 두고 있는 벤처기업 '엔테크랩(NTechLab)'은 뛰어난 안면인식 센서를 활용해 사람의 감정 상태를 상세히 읽어낼 수 있는 기술을 개발했다. 그리고 이 기술을 모스크바시 경찰 당국에 공급할 계획이다.

현재 모스크바시 경찰은 엔테크랩과 이 기술을 수사 현장에 어떻게 도입할지 효과적인 방법을 모색하고 있다. 도입이 완료될 경우 감정인식 기술을 수사 현장에 활용하는 세계 최초 사례가 된다. 이 기술을 활용하면 수백만 명이 모여 있는 사람들 가운데서 특정 인상착의가 있는 사람을 찾아낼 수 있다. 또한 찾아낸 사람의 성별과 나이 등을 모니터한 뒤 그 사람이 화가 났는지, 스트레스를 받았는지 혹은 불안해하는지 등을 판별할 수 있다.

엔테크랩의 공동 창업자인 알렉산드르 카바코프(Alexander Kabakov)는 "번화가에서 단 몇 초 만에 테러리스트나 범죄자, 살인자 등을 찾아낼 수 있는 기술"이라며 "경찰 등 수사기관에서 이 기술을 도입할 경우 새로운 차원의 수사가 가능하다."라고 말했다. 그러나 그는 이 기술이 러시아 경찰 어느 부서에 어떻게 활용될 것인지에 대해 밝히지 않았다. 카바코프는 "현재 CCTV 카메라에 접속하는 방안 등을 협의하고 있지만 아직까지 결정된 내용은 없다."라고 말했다.

이 기술이 처음 세상에 알려진 것은 2015년 미국 워싱턴 대학에서 열린 얼굴인식 경연 대회에서이다. 이 대회에서 엔테크랩의 안면인식 기술은 100만 장의 사진 속에 들어있는 특정인의 사진을 73.3%까지 식별해냈다. 이는 대회에 함께 참여한 구글의 안면인식 알고리즘을 훨씬 앞서는 기록이었다.

여기서 용기를 얻은 카바코프는 아르템 쿠크하렌코(Artem Kukharenko)와 함께 SNS상에서 연결된 사람이라면 누구든 추적할 수 있도록 만든 앱 '파인드페이스(FindFace)'를 만들었다.

① 엔테크랩의 감정인식 기술은 모스크바시 경찰이 범죄 용의자를 찾는 데 큰 기여를 하고 있다.
② 음성인식 기술과 감정인식 기술이 결합되면 기계가 사람의 감정을 진단할 수도 있다.
③ 감정인식 기술을 이용하면 군중 속에서 특정인을 쉽게 찾을 수 있다.
④ 엔테크랩의 안면인식 기술은 구글의 것보다 뛰어나다.
⑤ 카바코프는 쿠크하렌코와 함께 SNS상에서 연결된 사람을 추적할 수 있는 앱을 개발하였다.

07 다음 글의 주장에 대한 비판으로 가장 적절한 것은?

저작권은 저자의 권익을 보호함으로써 활발한 저작 활동을 촉진하여 인류의 문화 발전에 기여하기 위한 것이다. 그러나 이렇게 공적 이익을 추구하기 위한 저작권이 현실에서는 일반적으로 지나치게 사적 재산권을 행사하는 도구로 인식되고 있다. 저작물 이용자들의 권리를 보호하기 위해 마련한, 공익적 성격의 법조항도 법적 분쟁에서는 항상 사적 재산권의 논리에 밀려 왔다.

저작권 소유자 중심의 저작권 논리는 실제로 저작권이 담당해야 할 사회적 공유를 통한 문화 발전을 방해한다. 몇 해 전의 '애국가 저작권'에 대한 논란은 이러한 문제를 단적으로 보여준다. 저자 사후 50년 동안 적용되는 국내 저작권법에 따라, 애국가 포함된 〈한국 환상곡〉의 저작권이 작곡가 안익태의 유족들에게 2015년까지 주어진다는 사실이 언론을 통해 알려진 것이다. 누구나 자유롭게 이용할 수 있는 국가(國歌)마저 공공재가 아닌 개인 소유라는 사실에 많은 사람들이 놀랐다.

창작은 백지 상태에서 완전히 새로운 것을 만드는 것이 아니라 저작자와 인류가 쌓은 지식 간의 상호 작용을 통해 이루어진다. "내가 남들보다 조금 더 멀리 보고 있다면, 이는 내가 거인의 어깨 위에 올라서 있는 난쟁이기 때문"이라는 뉴턴의 겸손은 바로 이를 말한다. 이렇듯 창작자의 저작물은 인류의 지적 자원에서 영감을 얻은 결과이다. 그러한 저작물을 다시 인류에게 되돌려 주는 데 저작권의 의의가 있다. 이러한 생각은 이미 1960년대 프랑스 철학자들에 의해 형성되었다. 예컨대 기호학자인 바르트는 '저자의 죽음'을 거론하면서 저자가 만들어 내는 텍스트는 단지 인용의 조합일 뿐 어디에도 '오리지널'은 존재하지 않는다고 단언한다.

전자 복제 기술의 발전과 디지털 혁명은 정보나 자료의 공유가 지니는 의의를 잘 보여주고 있다. 인터넷과 같은 매체 환경의 변화는 원본을 무한히 복제하고 자유롭게 이용함으로써 누구나 창작의 주체로서 새로운 문화 창조에 기여할 수 있도록 돕는다. 인터넷 환경에서 이용자는 저작물을 자유롭게 교환할 뿐 아니라 수많은 사람들과 생각을 나눔으로써 새로운 창작물을 생산하고 있다. 이러한 상황은 저작권을 사적 재산권의 측면에서보다는 공익적 측면에서 바라볼 필요가 있음을 보여준다.

① 저작권의 사회적 공유에 대해 일관성 없는 주장을 하고 있다.
② 저작물이 개인의 지적·정신적 창조물임을 과소평가하고 있다.
③ 저작권의 사적 보호가 초래한 사회적 문제의 사례가 적절하지 않다.
④ 인터넷이 저작권의 사회적 공유에 미치는 영향을 드러내지 못하고 있다.
⑤ 객관적인 사실을 제시하지 않고 추측에 근거하여 논리를 전개하고 있다.

08 A사원은 회사 근처 카페에서 거래처와 미팅을 하기로 했다. 처음에는 4km/h로 걸어가다가 약속 시간에 늦을 것 같아서 10km/h로 달려서 24분 만에 미팅 장소에 도착했다. 회사에서 카페까지의 거리가 2.5km일 때, A사원이 달린 거리는?

① 0.6km   ② 0.9km

③ 1.2km   ④ 1.5km

⑤ 1.7km

09 K기업의 감사팀은 과장 2명, 대리 3명, 사원 3명으로 구성되어 있다. A~D지역의 지사로 2명씩 나눠서 출장을 간다고 할 때, 각 출장 지역에 대리급 이상이 1명 이상 포함되어 있어야 하고 과장 2명이 각각 다른 지역으로 가야 한다. 과장과 대리가 한 조로 출장에 갈 확률은?

① $\dfrac{1}{2}$ ② $\dfrac{1}{3}$

③ $\dfrac{2}{3}$ ④ $\dfrac{3}{4}$

⑤ $\dfrac{3}{8}$

10 K마트는 기획 상품인 A~C과자를 다음과 같이 할인하여 판매하고 있다. 정상가의 A~C과자를 2개씩 구입할 수 있는 금액을 가지고 할인이 적용된 가격으로 각각 2개씩 구매하려고 한다. 이때 남은 금액으로 A과자를 더 산다고 할 때, A과자를 몇 개 더 살 수 있는가?

<과자별 가격 및 할인율>

구분	A과자	B과자	C과자
정상가	1,500원	1,200원	2,000원
할인율	20%		40%

① 5봉지   ② 4봉지

③ 3봉지   ④ 2봉지

⑤ 1봉지

11 다음을 바탕으로 팀장의 나이를 바르게 추론한 것은?

- 팀장은 과장보다 4살이 많다.
- 대리의 나이는 31세이다.
- 사원은 대리보다 6살이 어리다.
- 과장과 팀장의 나이 합은 사원과 대리의 나이 합의 2배이다.

① 56세
② 57세
③ 58세
④ 59세
⑤ 60세

12 다음은 사내전화 평균 통화시간을 조사한 자료이다. 평균 통화시간이 6 ~ 9분인 여자의 수는 12분 이상인 남자의 수의 몇 배인가?

평균 통화시간	남자	여자
3분 이하	33%	26%
3 ~ 6분	25%	21%
6 ~ 9분	18%	18%
9 ~ 12분	14%	16%
12분 이상	10%	19%
대상 인원수	600명	400명

① 1.1배
② 1.2배
③ 1.3배
④ 1.4배
⑤ 1.5배

13 다음은 인터넷 공유 활동 참여 현황을 정리한 자료이다. 이에 대해 옳지 않은 설명을 한 사람은?

<인터넷 공유 활동 참여율(복수응답)>

(단위 : %)

구분		커뮤니티 이용	퍼나르기	블로그 운영	댓글 달기	UCC 게시
성별	남성	79.1	64.1	49.9	52.2	46.1
	여성	76.4	59.6	55.1	38.4	40.1
연령	10대	75.1	63.9	54.7	44.3	51.3
	20대	88.8	74.4	76.3	47.3	54.4
	30대	77.3	58.5	46.3	44.0	37.5
	40대	66.0	48.6	27.0	48.2	29.6

※ 성별·연령별 조사인원은 동일함

① A사원 : 자료에 의하면 20대가 다른 연령대에 비해 인터넷상에서 공유 활동을 활발히 참여하고 있네요.

② B주임 : 대체로 남성이 여성에 비해 상대적으로 활발한 활동을 하고 있는 것 같아요. 그런데 블로그 운영 활동은 여성이 더 많네요.

③ C대리 : 남녀 간의 참여율 격차가 가장 큰 영역은 댓글 달기이네요. 반면에 커뮤니티 이용은 남녀 간의 참여율 격차가 가장 적네요.

④ D사원 : 10대와 30대의 공유 활동 참여율을 크기 순으로 나열하면 재미있게도 두 연령대의 활동 순위가 동일하네요.

⑤ E사원 : 40대는 대부분의 공유 활동에서 모든 연령대의 참여율보다 낮지만, 댓글 달기에서는 가장 높은 참여율을 보이고 있네요.

14 다음은 한국, 미국, 일본, 프랑스가 화장품 산업 경쟁력 4대 분야에서 획득한 점수에 대한 자료이다. 이에 대한 설명으로 옳은 것은?

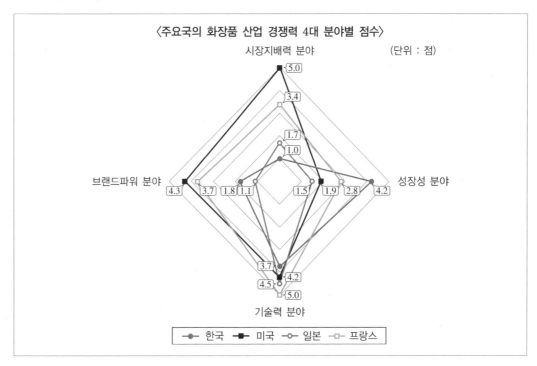

〈주요국의 화장품 산업 경쟁력 4대 분야별 점수〉

① 기술력 분야에서는 한국의 점수가 가장 높다.
② 성장성 분야에서 점수가 가장 높은 국가는 시장지배력 분야에서도 점수가 가장 높다.
③ 브랜드파워 분야에서 각국 점수 중 최댓값과 최솟값의 차이는 3점 이하이다.
④ 미국이 4대 분야에서 획득한 점수의 합은 프랑스가 4대 분야에서 획득한 점수의 합보다 높다.
⑤ 시장지배력 분야의 점수는 일본이 프랑스보다 높지만 미국보다는 낮다.

15 과제 선정 단계에서의 과제안에 대한 평가 기준은 과제 해결의 중요성, 과제 착수의 긴급성, 과제 해결의 용이성을 고려하여 여러 개의 평가 기준을 동시에 설정하는 것이 바람직하다. 과제안 평가 기준을 다음과 같이 나타냈을 때, 빈칸에 들어갈 말이 바르게 연결된 것은?

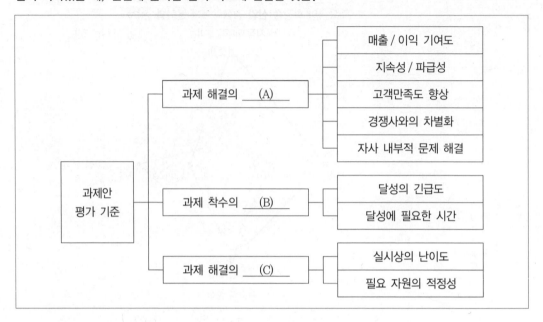

	(A)	(B)	(C)
①	용이성	긴급성	중요성
②	용이성	중요성	긴급성
③	중요성	용이성	긴급성
④	중요성	긴급성	용이성
⑤	긴급성	중요성	용이성

16 K기업에서는 매주 수요일 오전에 주간 회의가 열린다. 주거복지기획부, 공유재산관리부, 공유재산개발부, 인재관리부, 노사협력부, 산업경제사업부 중 이번 주 주간 회의에 참여할 부서들의 〈조건〉이 다음과 같을 때, 이번 주 주간 회의에 참석할 부서의 최대 수는?

조건
- 주거복지기획부는 반드시 참석해야 한다.
- 공유재산관리부가 참석하면 공유재산개발부도 참석한나.
- 인재관리부가 참석하면 노사협력부는 참석하지 않는다.
- 산업경제사업부가 참석하면 주거복지기획부는 참석하지 않는다.
- 노사협력부와 공유재산관리부 중 한 부서만 참석한다.
---

① 2개
② 3개
③ 4개
④ 5개
⑤ 6개

17 A ~ F 6명의 학생이 아침, 점심, 저녁을 먹는데, 메뉴는 김치찌개와 된장찌개뿐이다. 주어진 〈조건〉이 모두 참일 때, 다음 중 옳지 않은 것은?

조건
- 아침과 저녁은 다른 메뉴를 먹는다.
- 점심과 저녁에 같은 메뉴를 먹은 사람은 4명이다.
- 아침에 된장찌개를 먹은 사람은 3명이다.
- 하루에 된장찌개를 한 번만 먹은 사람은 3명이다.

① 된장찌개는 총 9그릇이 필요하다.
② 김치찌개는 총 10그릇이 필요하다.
③ 아침에 된장찌개를 먹은 사람은 모두 저녁에 김치찌개를 먹었다.
④ 점심에 된장찌개를 먹은 사람은 아침이나 저녁 중 한 번은 된장찌개를 먹었다.
⑤ 저녁에 된장찌개를 먹은 사람들은 모두 아침에 김치찌개를 먹었다.

18 봉사 동아리에 속해 있는 다섯 학생이 주말을 포함한 일주일 동안 각자 하루를 골라 봉사를 하러 간다. 다음 중 항상 참이 아닌 것은?(단, 일주일의 시작은 월요일이고, 끝은 일요일이라고 가정한다)

(가) 다섯 학생 A ~ E는 일주일 동안 정해진 요일에 혼자서 봉사를 하러 간다.
(나) A는 B보다 앞서 봉사를 하러 간다.
(다) E는 C가 봉사를 다녀오고 이틀 후에 봉사를 하러 간다.
(라) B와 D는 평일에 봉사를 하러 간다.
(마) C는 목요일에 봉사를 하러 가지 않는다.
(바) A는 월요일, 화요일 중에 봉사를 하러 간다.

① B가 화요일에 봉사를 하러 간다면 토요일에 봉사를 하러 가는 사람은 없다.
② D가 금요일에 봉사를 하러 간다면 다섯 명은 모두 평일에 봉사를 하러 간다.
③ D가 A보다 빨리 봉사를 하러 간다면 B는 금요일에 봉사를 하러 가지 않는다.
④ E가 수요일에 봉사를 하러 간다면 토요일에 봉사를 하러 가는 사람이 있다.
⑤ C가 A보다 빨리 봉사를 하러 간다면 D는 목요일에 봉사를 하러 갈 수 있다.

19 다음 글에 대한 분석으로 적절한 것을 〈보기〉에서 모두 고르면?

식탁을 만드는 데 노동과 자본만 투입된다고 가정하자. 노동자 1명의 시간당 임금은 8,000원이고, 노동자는 1명이 투입되어 A기계 또는 B기계를 사용하여 식탁을 생산한다. A기계를 사용하면 10시간이 걸리고, B기계를 사용하면 7시간이 걸린다. 이때 식탁 1개의 시장가격은 100,000원이고, 식탁 1개를 생산하는 데 드는 임대류는 A기계의 경우 10,000원, B기계의 경우 20,000원이다.

만약 A, B기계 중 어떤 것을 사용해도 생산된 식탁의 품질은 같다고 한다면, 기업은 어떤 기계를 사용할 것인가?(단, 작업 환경·물류비 등 다른 조건은 고려하지 않는다)

보기

ㄱ. 기업은 B기계보다는 A기계를 선택할 것이다.
ㄴ. '어떻게 생산할 것인가?'와 관련된 경제 문제이다.
ㄷ. 합리적인 선택을 했다면, 식탁 1개당 24,000원의 이윤을 기대할 수 있다.
ㄹ. A기계를 선택하는 경우 식탁 1개를 만드는 데 드는 비용은 70,000원이다.

① ㄱ, ㄴ   ② ㄱ, ㄷ
③ ㄴ, ㄷ   ④ ㄴ, ㄹ
⑤ ㄷ, ㄹ

20 우주인 선발에 지원한 A ~ G 7명 중에서 2명이 선발되었다. 다음 5개의 〈조건〉 중 3개만 옳을 때, 반드시 선발된 사람은 누구인가?

조건

• A, B, G는 모두 탈락하였다.
• E, F, G는 모두 탈락하였다.
• C와 G 중에서 1명만 선발되었다.
• A, B, C, D 중에서 1명만 선발되었다.
• B, C, D 중에서 1명만 선발되었고, D, E, F 중에서 1명만 선발되었다.

① A   ② B
③ D   ④ E
⑤ G

21 옵트인 방식을 도입하자는 다음 주장에 대한 근거로 적절하지 않은 것은?

> 스팸 메일 규제와 관련한 논의는 스팸 메일 발송자의 표현의 자유와 수신자의 인격권 중 어느 것을 우위에 둘 것인가를 중심으로 전개되어 왔다. 스팸 메일의 규제 방식은 옵트인(Opt-in) 방식과 옵트아웃(Opt-out) 방식으로 구분된다. 전자는 광고성 메일을 금지하지는 않되 수신자의 동의를 받아야만 발송할 수 있게 하는 방식으로, 영국 등 EU 국가들에서 시행하고 있다. 그러나 이 방식은 수신 동의 과정에서 발송자와 수신자 양자에게 모두 비용이 발생하며, 시행 이후에도 스팸 메일이 줄지 않았다는 조사 결과도 나오고 있어 규제 효과가 크지 않을 수 있다.
>
> 반면, 옵트아웃 방식은 일단 스팸 메일을 발송할 수 있게 하되 수신자가 이를 거부하면 이후에는 메일을 재발송할 수 없도록 하는 방식으로, 미국에서 시행되고 있다. 그런데 이러한 방식은 스팸 메일과 일반적 광고 메일의 선별이 어렵고, 수신자가 수신 거부를 하는 데 따르는 불편과 비용을 초래하며 불법적으로 재발송되는 메일을 통제하기 힘들다. 또한 육체적·정신적으로 취약한 청소년들이 스팸 메일에 무차별적으로 노출되어 피해를 입을 수 있다.

① 옵트아웃 방식을 사용한다면 수신자가 수신 거부를 하는 것이 더 불편해질 것이다.
② 옵트인 방식은 수신에 동의하는 데 따르는 수신자의 경제적 손실을 막을 수 있다.
③ 옵트아웃 방식을 사용한다면 재발송 방지가 효과적으로 이루어지지 않을 것이다.
④ 옵트인 방식은 수신자 인격권 보호에 효과적이다.
⑤ 날로 수법이 교묘해져가는 스팸 메일을 규제하기 위해서는 수신자 사전 동의를 받아야 하는 옵트인 방식을 채택하는 것이 효과적이다.

22 다음 글의 요지로 가장 적절한 것은?

> 신문이 진실을 보도해야 한다는 것은 새삼스러운 설명이 필요 없는 당연한 이야기이다. 정확한 보도를 하기 위해서는 문제를 전체적으로 보아야 하고, 역사적으로 새로운 가치의 편에서 보아야 하며, 무엇이 근거이고 무엇이 조건인가를 명확히 해야 한다. 그런데 이러한 준칙을 강조하는 것은 기자들의 기사 작성 기술이 미숙하기 때문이 아니라, 이해관계에 따라 특정 보도의 내용이 달라지기 때문이다. 자신들에게 유리하도록 기사가 보도되게 하려는 외부 세력이 있으므로 진실 보도는 일반적으로 수난의 길을 걷게 마련이다. 신문은 스스로 자신들의 임무가 '사실 보도'라고 말한다. 그 임무를 다하기 위해 신문은 자신들의 이해관계에 따라 진실을 왜곡하려는 권력과 이익 집단, 그 구속과 억압의 논리로부터 자유로워야 한다.

① 진실 보도를 위하여 구속과 억압의 논리로부터 자유로워야 한다.
② 자신들에게 유리하도록 기사가 보도되게 하는 외부 세력이 있다.
③ 신문의 임무는 '사실 보도'이지만, 진실 보도는 수난의 길을 걷는다.
④ 정확한 보도를 하기 위하여 전체적 시각을 가져야 한다.
⑤ 신문 보도에 있어 준칙을 강조하는 것은 기자들의 기사 작성 기술이 미숙하기 때문이다.

광고는 문화 현상이다. 이 점에 대해서 의심하는 사람은 거의 없다. 그럼에도 불구하고 많은 사람들이 광고를 단순히 경제적인 영역에서 활동하는 상품 판매 도구로만 인식하고 있다. 이와 같이 광고를 경제 현상에 집착하여 논의하게 되면 필연적으로 극단적인 옹호론과 비판론으로 양분될 수밖에 없다. 예컨대, 옹호론에서 보면 마케팅적 설득이라는 긍정적 성격이 부각되는 반면, 비판론에서는 이데올로기적 조작이라는 부정적 성격이 두드러지는 이분법적 대립이 초래된다는 것이다.

물론 광고는 숙명적으로 상품 판촉 수단으로서의 굴레를 벗어날 수 없다. 상품 광고가 아닌 공익 광고나 정치 광고 등도 현상학적으로는 상품 판매를 위한 것이 아니라 할지라도, 본질적으로는 상품과 다를 바 없이 이념과 슬로건, 그리고 정치적 후보들을 판매하고 있다.

그런데 현대적 의미에서 상품 소비는 물리적 상품 교환에 그치는 것이 아니라 기호와 상징들로 구성된 의미 교환 행위로 파악된다. 따라서 상품은 경제적 차원에만 머무르는 것이 아니라 문화적 차원에서 논의될 필요가 있다. 현대 사회에서 상품은 기본적으로 물질적 속성의 유용성과 문제적 속성의 상징성이 이중적으로 중첩되어 있다. 더구나 최근에는 상품의 질적인 차별이 없어짐으로써 상징적 속성이 더욱더 중요하게 되었다. 현대 광고에 나타난 상품의 모습은 초기 유용성을 중심으로 물질적 기능이 우상으로 숭배되는 모습에서, 근래 상품의 차이가 사람의 차이가 됨으로써 기호적 상징이 더 중요시되는 토테미즘 양상으로 변화되었다고 한다. 이와 같은 광고의 상품 '채색' 활동 때문에 현대 사회의 지배적인 '복음'은 상품의 소유와 소비를 통한 욕구 충족에 있다는 비판을 받는다. 광고는 상품과 상품이 만들어 놓는 세계를 미화함으로써 개인의 삶과 물질적 소유를 보호하기 위한 상품 선택의 자유와 향락을 예찬한다.

이러한 맥락에서 오늘날 광고는 소비자와 상품 사이에서 일어나는 일종의 담론이라고 할 수 있다. 광고 읽기는 단순히 광고를 수용하거나 해독하는 행위에 그치지 않고 '광고에 대한 비판적인 안목을 갖고 비평을 시도하는 것'을 뜻한다고 할 수 있다.

① 대상을 새로운 시각으로 바라보고 이해할 수 있게 하였다.
② 대상의 의미를 통시적 관점으로 고찰하고 있다.
③ 대상의 문제점을 파악하고 나름의 해결책을 모색하고 있다.
④ 대상에 대한 견해 중 한쪽에 치우쳐 논리를 전개하고 있다.
⑤ 대상에 대한 상반된 시각을 예시를 통해 소개하고 있다.

24. K기업은 옥상 정원에 있는 가로 644cm, 세로 476cm인 직사각형 모양의 뜰 가장자리에 조명을 설치하려고 한다. 네 모퉁이에는 반드시 조명을 설치하고, 일정한 간격으로 조명을 추가 배열하려고 할 때, 필요한 조명의 최소 개수는?(단, 조명의 크기는 고려하지 않는다)

① 68개   ② 72개
③ 76개   ④ 80개
⑤ 84개

25. 산을 올라갈 때는 a로, 내려올 때는 b로 갔다고 한다. 그런데 내려올 때는 올라갈 때보다 3km가 더 긴 등산로였고, 내려올 때와 올라갈 때는 같은 시간이 걸려 총 6시간이 걸렸다고 한다. 이때 내려올 때의 속력을 a에 대한 식으로 바르게 나타낸 것은?(단, 속력의 단위는 km/h이다)

① $(a+1)$ ② $(a+2)$
③ $(a+3)$ ④ $2a$
⑤ $3a$

26. 다음은 2024년 한국의 LPCD(Liter Per Capita Day)에 대한 자료이다. 1인 1일 사용량에서 영업용 사용량이 차지하는 비중과 1인 1일 가정용 사용량의 하위 두 항목이 차지하는 비중을 순서대로 바르게 나열한 것은?(단, 소수점 셋째 자리에서 반올림한다)

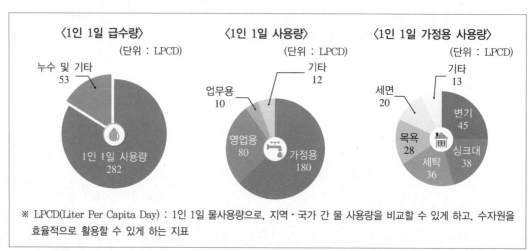

※ LPCD(Liter Per Capita Day) : 1인 1일 물사용량으로, 지역·국가 간 물 사용량을 비교할 수 있게 하고, 수자원을 효율적으로 활용할 수 있게 하는 지표

① 27.57%, 16.25%   ② 27.57%, 19.24%
③ 28.37%, 18.33%   ④ 28.37%, 19.24%
⑤ 30.56%, 20.78%

27 다음 SWOT 분석 결과를 바탕으로 섬유 산업이 발전할 수 있는 방안으로 적절한 것을 〈보기〉에서 모두 고르면?

강점(Strength)	약점(Weakness)
• 빠른 제품 개발 시스템	• 기능 인력 부족 심화 • 인건비 상승
기회(Opportunity)	위협(Threat)
• 한류의 영향으로 한국 제품 선호 • 국내 기업의 첨단 소재 개발 성공	• 외국산 저가 제품 공세 강화 • 선진국의 기술 보호주의

보기

ㄱ. 한류 배우를 모델로 하여 브랜드 홍보 전략을 추진한다.
ㄴ. 단순 노동 집약적인 소품종 대량 생산 체제를 갖춘다.
ㄷ. 소비자 기호를 빠르게 분석하여 제품 생산에 반영한다.
ㄹ. 선진국의 원천 기술을 이용한 기능성 섬유를 생산한다.

① ㄱ, ㄴ   ② ㄱ, ㄷ
③ ㄴ, ㄷ   ④ ㄴ, ㄹ
⑤ ㄷ, ㄹ

28 캐릭터는 소비자에게 유대감과 친밀감을 형성함으로써 상품의 호감도를 상승시켜 상품 구매에 직·간접적인 영향을 끼친다. 자사의 마스코트가 '소'인 K기금이 캐릭터를 활용한 상품 프로모션을 진행하고자 할 때, 홍보팀장의 요청에 따라 가장 적절한 의견을 제시하고 있는 사원은?

> 홍보팀장 : 우리 기금에 대해 고객들이 친밀감을 가질 수 있도록 인지도가 높으면서도 자사와 연관될 수 있는 캐릭터를 활용하여 홍보 방안을 세웠으면 좋겠어요.

① A사원 : 남녀노소 누구나 좋아하는 연예인을 캐릭터화하여 상품의 홍보 모델로 사용하는 것은 어떨까요?
② B사원 : 요즘 인기 있는 펭귄 캐릭터와 협업하여 우리 기금의 인지도를 높이는 방법은 어떨까요?
③ C사원 : 우리 기금의 마스코트인 소를 캐릭터로 활용하여 인형이나 디자인 소품으로 상품화하는 것은 어떨까요?
④ D사원 : 우리 기금의 마스코트인 소의 울음소리를 녹음하여 상담 전화 연결 시 활용하는 것은 어떨까요?
⑤ E사원 : 저금통을 상징하는 돼지 캐릭터와 우리 기금의 특징을 드러내는 소 캐릭터를 함께 사용하여 '~소'를 활용한 홍보 문구를 작성해보는 건 어떨까요?

29 중학생 50명을 대상으로 한 해외여행에 대한 설문조사 결과가 다음 〈조건〉과 같을 때, 항상 참인 것은?

> **조건**
> • 미국을 여행한 사람이 가장 많다.
> • 일본을 여행한 사람은 미국 또는 캐나다 여행을 했다.
> • 중국과 캐나다를 모두 여행한 사람은 없다.
> • 일본을 여행한 사람의 수가 캐나다를 여행한 사람의 수보다 많다.

① 일본을 여행한 사람의 수보다 중국을 여행한 사람의 수가 더 많다.
② 일본을 여행했지만 미국을 여행하지 않은 사람은 중국을 여행하지 않았다.
③ 미국을 여행한 사람의 수는 일본 또는 중국을 여행한 사람의 수보다 많다.
④ 중국을 여행한 사람은 일본을 여행하지 않았다.
⑤ 미국과 캐나다를 모두 여행한 사람은 없다.

30 A ~ F 6명이 동시에 가위바위보를 해서 아이스크림 내기를 했는데 결과가 다음 〈조건〉과 같았다. 내기에서 이긴 사람을 모두 고르면?(단, 비긴 경우는 없었다)

> **조건**
> • 6명이 낸 것이 모두 같거나, 가위·바위·보 3가지가 모두 포함되는 경우 비긴 것으로 한다.
> • A는 가위를 내지 않았다.
> • B는 바위를 내지 않았다.
> • C는 A와 같은 것을 냈다.
> • D는 E에게 졌다.
> • F는 A에게 이겼다.
> • B는 E에게 졌다.

① A, C   ② E, F
③ A, B, C   ④ B, C, F
⑤ B, D, F

※ K씨는 쇼핑몰 창업 준비를 위한 강연을 준비 중이다. K씨는 강연 준비를 위해 5W2H 원칙에 맞추어 다음과
같이 표를 작성하였다. 이어지는 질문에 답하시오. [31~32]

〈쇼핑몰 창업 준비를 위한 강연〉

구분	의견
What (무엇을)	• 쇼핑몰 창업의 준비 단계를 알려주는 정보성 강연을 계획 중이다. • _____ ㉠ _____
Why (왜)	• 취업난과 창업 시장의 활성화로 창업에 뛰어드는 사람들이 많아졌다. • _____ ㉡ _____
Who (누가)	• 창업 전문가, 사업계획서 전문가를 모셔서 진행할 예정이나. • _____ ㉢ _____
Where (어디서)	• _____ ㉣ _____
When (언제)	• 오후 1시부터 오후 3시까지 완료할 예정이다. • _____ ㉤ _____
How (어떻게)	• _____ (A) _____
How Much (얼마나)	• 장소 대여비, 외부 강사비 등에 따라 변동 가능

31 다음 중 빈칸 ㉠ ~ ㉤에 들어갈 내용으로 가장 적절한 것은?

① ㉠ : 창업의 수요가 늘어나고 있다.

② ㉡ : 대부분의 사람들이 창업의 첫 시작에 대한 정보가 부족하다.

③ ㉢ : 직장인들을 위해 주말 시간도 이용할 예정이다.

④ ㉣ : 창업을 준비하는 사람 300명이 대상자이다.

⑤ ㉤ : 100명이 들을 수 있는 강연장을 준비할 예정이다.

32 다음 중 빈칸 (A)에 들어갈 내용으로 적절하지 않은 것은?

① 2인 이상 예약 시 할인 혜택

② 홈페이지 배너 광고

③ 소셜커머스를 이용한 판매

④ 포털사이트 광고

⑤ 온라인 신청

33 다음 중 클라우드 컴퓨팅(Cloud Computing)에 대한 설명으로 옳지 않은 것은?

① 가상화와 분산처리 기술을 기반으로 한다.

② 최근에는 컨테이너(Container) 방식으로 서버를 가상화하고 있다.

③ 서비스 유형에 따라 IaaS, PaaS, SaaS로 분류할 수 있다.

④ 공개 범위에 따라 퍼블릭 클라우드, 프라이빗 클라우드, 하이브리드 클라우드로 분류할 수 있다.

⑤ 주로 과학·기술적 계산 같은 대규모 연산의 용도로 사용된다.

34 다음 시트에서 [A7] 셀에 수식 「=$A$1+$A2」를 입력한 후 [A7] 셀을 복사하여 [C8] 셀에 붙여넣기 했을 때, [C8] 셀에 표시되는 결과로 옳은 것은?

	A	B	C
1	1	2	3
2	2	4	6
3	3	6	9
4	4	8	12
5	5	10	15
6			
7			
8			

① 3
② 4
③ 7
④ 10
⑤ 15

35 다음은 K주식회사의 공장별 9월 생산량 현황이다. 생산량과 금액을 기준으로 순위를 매길 때, 각 셀에 들어갈 함수와 결괏값으로 옳지 않은 것은?(단, 생산량은 클수록, 금액은 낮을수록 순위가 높다)

	A	B	C	D	E	F
1	〈K주식회사 공장 9월 생산량 현황〉					
2	구분	생산량	단가	금액	순위	
3					생산량 기준	금액 기준
4	안양공장	123,000	10	1,230,000		
5	청주공장	90,000	15	1,350,000		
6	제주공장	50,000	15	750,000		
7	강원공장	110,000	11	1,210,000		
8	진주공장	99,000	12	1,188,000		
9	계	472,000		5,728,000		

① [F4] : =RANK(D4,D4:D8,1) → 4
② [E4] : =RANK(B4,B4:B8,0) → 1
③ [E6] : =RANK(B6,B4:B8,0) → 5
④ [F8] : =RANK(D8,D4:D8,0) → 2
⑤ [E8] : =RANK(B8,B4:B8,0) → 3

36 다음은 데이터베이스에 대한 설명이다. 빈칸 ㉠, ㉡에 들어갈 내용을 바르게 나열한 것은?

파일시스템에서 하나의 파일은 독립적이고 어떤 업무를 처리하는 데 필요한 모든 정보를 가지고 있다. 파일도 데이터의 집합이므로 데이터베이스라고 볼 수도 있으나, 일반적으로 데이터베이스라 함은 ㉠ 을 의미한다. 따라서 사용자는 여러 개의 파일에 있는 정보를 한 번에 검색해 볼 수 있다. 데이터베이스 관리시스템은 데이터와 파일, 그들의 관계 등을 생성하고 유지하고 검색할 수 있게 해주는 소프트웨어이다. 반면에 파일관리시스템은 ㉡ 에 대해서 생성, 유지, 검색을 할 수 있는 소프트웨어이다.

	㉠	㉡
①	여러 개의 독립된 파일	한 번에 복수의 파일
②	여러 개의 독립된 파일	한 번에 한 개의 파일
③	여러 개의 연관된 파일	한 번에 복수의 파일
④	여러 개의 연관된 파일	한 번에 한 개의 파일
⑤	여러 개의 연관된 파일	여러 개의 독립된 파일

〈사례 1〉

박부장 : 요즘에는 사용자들이 온라인 인맥 구축을 목적으로 커뮤니티형 웹사이트를 개설한다고 하네요.
김사원 : 자신의 생각이나 뉴스, 잡담 등을 실시간으로 올리고 있어요. 현재 대한민국은 스마트폰이 대중화되었고, 인터넷에 쉽게 접속할 수 있는 환경이 조성되면서 온라인을 통해 사진과 동영상 등 여러 가지를 공유하고 있어요.

〈사례 2〉

박부장 : 정말 세상이 좋아진 것 같네요. 스마트폰을 통해 인터넷에 쉽게 접속한다면 언제 어디서든 원하는 정보를 검색해서 찾을 수 있겠네요.
김사원 : 예, 부장님. 심지어 필요한 정보를 검색할 때, 제가 입력한 검색어들을 연계된 다른 검색엔진에 보내고, 이를 통해 얻은 검색 결과를 사용자에게 보여주기도 해요.
박부장 : 그렇군요. 내가 몰랐던 내용을 더 알 수 있어서 좋군요.

37 다음 중 사례 1에서 박부장과 김사원의 대화를 통해 유추할 수 있는 인터넷 서비스는 무엇인가?

① 웹하드　　　　　　　　　　② 클라우드 컴퓨팅
③ SNS　　　　　　　　　　　④ 메신저
⑤ 전자상거래

38 다음 중 사례 2에서 박부장과 김사원의 대화를 통해 유추할 수 있는 검색엔진 유형은 무엇인가?

① 키워드 검색 방식　　　　　　② 주제별 검색 방식
③ 자연어 검색 방식　　　　　　④ 통합형 검색 방식
⑤ 메뉴 검색 방식

39 다음 그림에서 A를 실행하였을 때 얻을 수 있는 효과로 가장 적절한 것은?

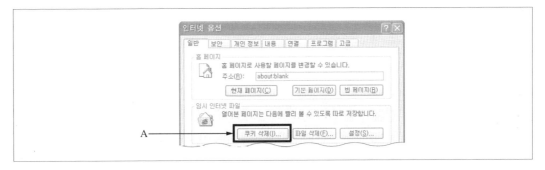

① 개인 정보의 침해 소지를 낮추어 준다.
② 스크립트 오류에 대한 사항을 알려 준다.
③ 온라인 광고업체의 악성코드를 정리해 준다.
④ 웹 페이지에서 이미지 크기를 자동으로 조절해 준다.
⑤ 인터넷 즐겨찾기 목록을 삭제해 준다.

40 고객들의 주민등록번호 앞자리를 정리해 생년, 월, 일로 구분하고자 한다. 각 셀에 사용할 함수식으로 옳은 것은?

	A	B	C	D	E
1	이름	주민등록번호 앞자리	생년	월	일
2	김천국	950215			
3	김낙원	920222			
4	박세상	940218			
5	박우주	630521			
6	강주변	880522			
7	홍시요	891021			
8	조자주	910310			

① [C2] : =LEFT(B2,2)
② [D3] : =LEFT(B3,4)
③ [E7] : =RIGHT(B7,3)
④ [D8] : =MID(B7,3,2)
⑤ [E4] : =MID(B4,4,2)

※ 다음은 조직의 유형을 나타낸 것이다. 이어지는 질문에 답하시오. [41~42]

41 다음 중 조직의 유형에 대해 이해한 내용으로 옳지 않은 것은?

① 기업과 같이 이윤을 목적으로 하는 조직은 영리조직이다.
② 조직 규모를 기준으로 보면, 가족 소유의 상점은 소규모조직, 대기업은 대규모조직의 사례로 볼 수 있다.
③ 공식조직 내에서 인간관계를 지향하면서 비공식조직이 새롭게 생성되기도 한다.
④ 비공식조직은 조직의 구조, 기능, 규정 등이 조직화되어 있다.
⑤ 비영리조직은 공익을 목적으로 하는 단체이다.

42 다음 중 밑줄 친 비영리조직의 사례로 보기 어려운 것은?

① 정부조직
② 병원
③ 대학
④ 시민단체
⑤ 대기업

43 다음은 한 부서의 분장 업무를 나타낸 자료이다. 이를 통해 유추할 수 있는 부서로 가장 적절한 것은?

분장 업무	
• 판매 방침 및 계획	• 외상매출금의 청구 및 회수
• 판매 예산의 편성	• 제품의 재고 조절
• 시장조사	• 견본품, 반품, 지급품, 예탁품 등의 처리
• 판로의 개척, 광고 선전	• 거래처로부터의 불만 처리
• 거래처의 신용조사와 신용한도의 신청	• 제품의 애프터서비스
• 견적 및 계약	• 판매원가 및 판매가격의 조사 검토
• 제조지시서의 발행	—

① 총무부
② 인사부
③ 기획부
④ 영업부
⑤ 자재부

44 같은 말이나 행동도 나라에 따라서 다르게 받아들여질 수 있기에 직업인은 국제 매너를 갖춰야 한다. 다음 〈보기〉 중 국제 매너와 관련된 설명으로 적절한 것을 모두 고르면?

> **보기**
> ㉠ 미국 바이어와 악수를 할 때는 눈이나 얼굴을 보면서 손끝만 살짝 잡거나 왼손으로 상대방의 왼손을 힘주어서 잡았다가 놓아야 한다.
> ㉡ 이라크 사람들은 시간을 돈과 같이 생각해서 시간 엄수를 중요하게 생각하므로 약속 시간에 늦지 않게 주의해야 한다.
> ㉢ 러시아와 라틴아메리카 사람들은 친밀함의 표시로 포옹을 한다.
> ㉣ 명함은 받으면 구기거나 계속 만지지 않고 한번 보고 나서 탁자 위에 보이는 채로 대화를 하거나 명함집에 넣는다.
> ㉤ 수프는 바깥쪽에서 몸 쪽으로 숟가락을 사용한다.
> ㉥ 생선 요리는 뒤집어 먹지 않는다.
> ㉦ 빵은 아무 때나 먹어도 관계없다.

① ㉠, ㉢, ㉣
② ㉡, ㉣, ㉦
③ ㉢, ㉣, ㉥
④ ㉠, ㉢, ㉣, ㉤
⑤ ㉡, ㉢, ㉣, ㉥

※ 다음 글을 읽고 이어지는 질문에 답하시오. [45~47]

KOTRA 파리 무역관에서 바이어와의 대화를 통해 파악한 것에 따르면 프랑스 바이어는 프랑스의 복잡한 식사 예절이나 와인 리스트 등은 일반 프랑스인에게도 생소한 사항이기에 외국인에게 그런 것을 기대하는 것은 전혀 아니라는 반응이 대부분이다. 프랑스 바이어가 기대하는 것은 전 세계에 통용될 수 있는 상식적인 수준에서의 상대방에 대한 이해와 배려이다. 한국과 프랑스는 전혀 다른 문화적 배경을 가지고 있고 각 나라 국민의 생활 패턴과 행동 방식은 엄연히 다른 바, 프랑스인의 방식을 조금이라도 이해하고 존중해주는 태도를 보여주었으면 한다고 이야기한다.
프랑스의 비즈니스 기본 매너에 대해 알아보자. 프랑스에서는 악수를 할 때 손에 힘을 많이 주지 않으며, 상대방의 손을 가볍게 잡고 한두 번만 빠르게 흔들며 인사한다. 프랑스에서는 약속을 중시하기 때문에 ㉠ 1개월 ~ 2주 전에 서면으로 약속을 정해야 한다. 프랑스 역시 유럽의 다른 국가들처럼 탄력근무제를 실시하고 있기 때문에 회의시간을 ㉡ 3시 이전으로 잡는 것이 좋다. 프랑스에서는 격식을 중요하게 생각한다. 그렇기 때문에 정장 차림을 갖추어야 한다. 또한 사람을 초대하여 대접하는 문화가 발달되어 있어 대접하는 경우가 빈번하다. 식사에 초대되었을 때에는 약속 시간보다 이르지 않게 도착하도록 ㉢ 10분 정도 늦는 것이 좋다. 대접하는 문화가 발달되어 있는 만큼 테이블에서의 매너도 엄격한 편이다. 식사 시간에 침묵하는 것은 예의가 아니며 대화를 하면서 와인과 식사를 즐기기 때문에 ㉣ 식사 시간이 짧은 것이 특징이다. ㉤ 프랑스 식사 문화는 격식을 차리는 것으로 유명하다. 식사 중 양손은 무릎이 아닌 테이블 위에 올려놓아야 한다. 와인의 경우 잔을 비울 때마다 종업원이 따라주기 때문에 더 원하지 않으면 소량이라도 남겨놓는 것이 필요하다. 또한 비즈니스 대화는 디저트가 제공된 후에 하는 것이 좋으며 주로 호스트가 먼저 이야기를 꺼내도록 하는 것이 바람직하다. 프랑스인들은 공과 사를 구분하는 것을 중요하게 생각하며 빠른 결정을 내리도록 강요받는 것을 원치 않으므로 위협적이거나 집요한 판매 기술은 통용되지 않는다. 마지막으로 다양한 질문을 하고 대화 중 상대방의 말을 끊고 개입을 하는 것이 프랑스식 문화이다. 다른 문화권은 말을 끊는 것이 적절하지 않을 수도 있지만, 프랑스에서는 이를 상대방에 대한 흥미의 표현이라 여긴다.
제품을 수출하고 현지 시장에 진출하는 것은 여러 가지 경제 논리와 시장성 등이 복합적으로 적용되는 문제이지만, 결국 이 모든 것은 사람과 사람 사이에 오가는 커뮤니케이션을 통해 이루어지는 것임을 잊지 않고 상대방과 상대방의 문화를 존중하는 태도를 갖추어야 세계적 수준의 경제 강국의 위상에 맞는 글로벌 수준의 비즈니스 매너를 갖출 수 있을 것으로 판단된다.

45 다음 중 윗글을 읽고 유추할 수 있는 매너에 어긋난 사례로 볼 수 없는 것은?

① 면담 시 급한 마음에 자리에 앉자마자 상대방과 인사를 나누지도 않고 자기 회사 제품이나 카탈로그 등을 서둘러 꺼내놓는 경우
② 면담에 참석하면서 셔츠와 재킷을 입고 구두를 신는 정도로 기관을 방문하는 경우
③ 대부분 통역을 고용해 의사소통을 하는데 상대방이 하는 말이 외국어로 잘 못 알아듣는 말이라고 하여 전혀 주의를 기울이지 않고 스마트폰을 만지작거리는 경우
④ 식사 시간이 길어질수록 상대방의 시간을 뺏는 결례를 범한다고 생각해 초조해하고 어쩔 줄 몰라 하는 경우
⑤ 약속 시간을 어기지 않기 위해 식사에 초대되었을 때에는 약속 시간보다 조금 이르게 도착하는 경우

46 윗글의 ㉠~㉤ 중 적절하지 않은 내용은?

① ㉠

② ㉡

③ ㉢

④ ㉣

⑤ ㉤

47 다음 중 윗글을 바르게 이해하지 못한 사람은 누구인가?

① A : 악수를 할 때 손에 힘을 많이 주지 않는 것이 좋겠어.

② B : 프랑스 바이어들을 상대할 때에는 인내심을 가져야겠어.

③ C : 시간 변경이나 취소는 어쩔 수 없이 발생하는 것이니 이해해줄 거야.

④ D : 이야기하고 싶은 것이 있을 때는 주저하지 말고 적극적으로 나서야겠어.

⑤ E : 식사에 초대되었을 때에는 충분히 준비할 시간을 가지라고 약속 시간보다 10분 정도 늦는 것이 좋겠네.

48 총무부에서 근무하던 B는 승진하면서 다른 부서로 발령이 났다. 기존에 같이 근무하던 D에게 사무인수인계를 해야 하는 상황에서 B와 D가 수행해야 할 사무인수인계 요령으로 적절하지 않은 것은?

① 기밀에 속하는 사항일수록 문서에 의함을 원칙으로 한다.

② 사무인수인계서 1장을 작성하여 인계자와 인수자 및 입회자가 기명날인을 한 후 해당 부서에서 이를 보관한다.

③ 사무인수인계와 관련하여 편철된 부분과 오류의 수정이 있는 부분은 인수자와 인계자가 각각 기명날인을 한다.

④ 사무의 인수인계와 관련하여 인수자가 인계자에게 제증빙을 요구하였으나, 증빙이 미비 또는 분실 시에는 그 사실을 별지에 반드시 기재하도록 한다.

⑤ 사무인수인계서는 기명날인 후 해당 부서에서 이를 보관한다.

※ 다음 글을 읽고 이어지는 질문에 답하시오. [49~50]

> K기업은 제한된 인력으로 업무 수행의 효율을 높이기 위해 조직 구조에 대한 혁신이 필요하다고 판단하여 조직 구조를 개편하기로 했다. 이번에 개편되는 조직 구조의 형태는 특정 프로젝트를 수행하기 위한 것으로, 해당 분야에 전문성을 지닌 다른 팀의 직원들이 자신의 직무와 특정 프로젝트를 동시에 수행하도록 할 계획이다.
>
> 이러한 조직 구조가 경영학계에 대두된 시점은 1969년 아폴로 11호의 달 착륙 때의 일이다. 당시 미국이 구소련보다 앞서 달 정복에 성공할 수 있었던 것과 관련하여, 수평적 커뮤니케이션이 가능한 이러한 구조의 힘이 컸다는 언론 보도 이후 경영계에서 앞다퉈 이 시스템을 도입하기 시작한 것이다. 하지만 이를 도입했던 대부분의 기업들은 성과를 거두지 못하고 오히려 극심한 혼란과 부작용을 경험했다.

49 다음 중 K기업이 변경하고자 하는 조직 구조의 형태는?

① 기능 구조　　　　　　　　　　② 매트릭스 구조
③ 사업 구조　　　　　　　　　　④ 네트워크 구조
⑤ 프로젝트 구조

50 다음 중 윗글과 관련하여 향후 K기업이 계획한 조직 구조에서 부작용을 줄이기 위해 고려해야 할 사항으로 보기 어려운 것은?

① 조직 구조는 변화시키지만 기업 문화와 인사 제도, 성과 평가 제도는 유지해야 한다.
② 조직 구조의 최하단에 놓인 직원들의 적절한 업무량 배분을 감안해야 한다.
③ 조직 구조 상단 기능별 리더들의 사고 혁신이 전제가 되어야 한다.
④ 조직 구조의 전체적인 변화와 혁신을 일으키지 않으면 관료제가 중첩되는 위험에 빠질 수 있다.
⑤ 구성원을 하나로 묶을 수 있는 공동 목표를 명확히 설정하고 공유되도록 한다.

3일 차
기출응용 모의고사

〈문항 및 시험시간〉

구분	평가영역	문항 수	시험시간	모바일 OMR 답안채점/성적분석 서비스
신용보증기금	의사소통＋수리＋문제해결	20문항	25분	
기술보증기금	의사소통＋수리＋문제해결 ＋정보＋조직이해	50문항	60분	

※ 2024년 하반기 신용보증기금 필기전형에서는 1교시(80분)에 NCS(20문항)와 직무전공(48문항)을 통합하여 실시하였음을 알려드립니다.

3일 차 기출응용 모의고사

※ 1번부터 20번까지는 신용보증기금과 기술보증기금의 필기전형 공통영역으로 구성하였습니다.
　신용보증기금 응시생은 1번부터 20번까지, 기술보증기금 응시생은 1번부터 50번까지 학습하시기 바랍니다.

01 다음 빈칸에 들어갈 말이 바르게 연결된 것은?

> 피드백의 효과를 극대화하기 위해서는 다음과 같은 반응의 세 가지 규칙을 지켜야 한다.
> - 　ㄱ　 : 시간을 낭비하지 않는 것이다. 시간이 갈수록 피드백의 영향력은 줄어들기 때문에 상대방에게 바로 피드백을 주어야 한다.
> - 　ㄴ　 : 진정한 반응뿐만 아니라 조정하고자 하는 마음 또는 보이고 싶지 않은 부정적인 느낌까지 보여주어야 한다.
> - 　ㄷ　 : 　ㄴ　하다고 해서 잔인해서는 안 된다. 부정적인 의견을 표현할 때도 부드럽게 표현하는 방법을 사용하여야 한다.
> 이러한 쌍방적 의사소통은 화자와 청자 모두에게 도움이 된다.

	ㄱ	ㄴ	ㄷ
①	즉각적	진실	공감
②	즉각적	진실	지지
③	즉각적	정직	지지
④	효율적	정직	지지
⑤	효율적	소통	공감

02 다음 글의 논지를 뒷받침할 수 있는 논거로 적절하지 않은 것은?

아마도 영화가 처음 등장하여 그것에 관한 이론화가 시작되었을 때 대부분의 이론가들에게 아주 현저하게 눈에 띄는 영화의 특징으로 자주 다루어지던 것이 있었다면, 그것은 바로 '시점의 해방'이라고 부르는 것이었다. 같은 시각 이미지의 영역에 속하는 것이라 할지라도 회화와 연극 등과는 전혀 다른 특징을 영화는 가지고 있다. 영화는 여러 개의 쇼트(Shot)로 이루어져 있다. 이 각각의 쇼트에서 인물이나 사건을 향하는 카메라의 각도와 거리 그리고 방향은 언제나 변화한다. 영화에 대한 초기의 사유는 이러한 시점의 끊임없는 변화에서 의식을 변화시킬 수 있는 잠재력을 보았던 것이다.

① 홍콩 영화 '영웅본색'에서의 격투신은 그 장면을 보는 사람, 싸우고 있는 사람의 시점에 따라 다르게 촬영된다.
② 공포 영화 '스크림'에서 쫓기고 있는 주인공의 시점은 곧 뒤따르는 살인마의 시점으로 전환된다.
③ 최근 개봉한 영화 '마운틴'은 에베레스트를 항공 촬영한 장면이 압권이라는 평을 듣고 있다.
④ 4명의 가족을 주인공으로 하는 영화 '패밀리'는 각자의 시점을 분할해 구성한 마지막 장면이 깊은 여운을 남겼다.
⑤ '남영동 1985'에서 가장 고통스러웠던 장면은 고문을 받는 주인공의 시점에서 사람들이 고문하며 조롱하고 억압하는 모습이 시점의 변화대로 장면이 전환되었기 때문이다.

03 다음 중 밑줄 친 ㉠과 ㉡에 대해 추론한 내용으로 가장 적절한 것은?

권리금(權利金)이란 흔히 상가 등을 빌리는 사람, 즉 ㉠ 차주(借主)가 빌려주는 사람, 즉 ㉡ 대주(貸主)에게 내는 임차료 외에, 앞서 대주에게 빌렸던 사람, 즉 전차주(前借主)에게 내는 관행상의 금전을 의미한다. 전차주가 해당 임대상가에 투자한 설비나 상가 개량 비용, 기존 고객들과의 인지도, 유대 관계 등 유형·무형의 대가를 차주가 고스란히 물려받는 경우의 가치가 포함된 일종의 이용 대가인 것이다. 하지만 이는 어디까지나 차주와 전차주의 사이에서 발생한 금전 관계로 대주는 해당 권리금과 관련이 없으며, 특별히 법률로 지정된 사항 또한 존재하지 않는다. 2001년, 상가건물 임대차보호법이 제정되기 전에 대주의 횡포에 대한 차주의 보호가 이루어지지 않았고, 이에 임차인들이 스스로 자신의 권리를 찾기 위해 새 차주에게 금전을 받았는데, 이것이 권리금의 시작이다.

권리금이 높은 상가일수록 좋은 상가라고 볼 수 있는 지표로 작용하는 데다, 여전히 전차주의 입장에서는 자신의 권리를 지키기 위한 하나의 방안으로 관습처럼 이용되고 있어 이에 대한 평가를 섣불리 하기 힘든 것이 사실이다. 그러나 권리금이 임대료보다 높아지는 경우가 종종 발생하고, 계약기간 만료 후 대주와 차주 사이의 금전적인 문제가 발생하기도 하면서 악습이라고 주장하는 사람도 있다.

① ㉠은 ㉡의 계약 불이행으로 인하여 발생한 손해를 보장받을 수 없다.
② 권리금은 본래 상대적 약자인 ㉡이 ㉠으로부터 손해를 보호받기 위해 시작된 관습이다.
③ 장기적으로 권리금은 ㉠과 ㉡이 모두 요구할 수 있다.
④ 상대적으로 적은 권리금을 지불한 상가에서 높은 매출을 기록했다면 ㉡은 직접적으로 이득을 본 셈이다.
⑤ ㉡이 계약기간 만료 후 자신의 권리를 이행할 때 ㉠은 ㉡에게 손해를 보장받을 수 없다.

04 다음 문단을 논리적 순서대로 바르게 나열한 것은?

> (가) 고창 갯벌은 서해안에 발달한 갯벌로서 다양한 해양 생물의 산란·서식지이며, 어업인들의 삶의 터전으로 많은 혜택을 주었다. 그러나 최근 축제식 양식과 육상에서부터 오염원 유입 등으로 인한 환경 변화로 체계적인 이용·관리 방안이 지속적으로 요구됐다.
>
> (나) 정부는 전라북도 고창 갯벌의 약 11.8km²를 '습지보전법'에 의한 '습지보호지역'으로 지정하며 고시한다고 밝혔다. 우리나라에서 일곱 번째로 지정되는 고창 갯벌은 칠면초·나문재와 같은 다양한 식물이 자생하고, 천연기념물인 황조롱이와 멸종 위기종을 포함한 46종의 바닷새가 서식하는, 생물 다양성이 풍부하며 보호 가치가 큰 지역으로 나타났다.
>
> (다) 정부는 이번 습지보호지역으로 지정된 고창 갯벌을 람사르 습지로 등록할 계획이며, 제2차 연안습지 기초 조사를 실시하여 보전 가치가 높은 갯벌뿐 아니라 훼손된 갯벌에 대한 관리도 강화해 나갈 계획이다.
>
> (라) 습지보호지역으로 지정되면 이 지역에서 공유수면 매립, 골재 채취 등의 갯벌 훼손 행위는 금지되나, 지역 주민이 해오던 어업 활동이나 갯벌 이용 행위에는 특별한 제한이 없다.

① (가) – (나) – (다) – (라)   ② (가) – (라) – (나) – (다)
③ (나) – (가) – (라) – (다)   ④ (다) – (가) – (나) – (라)
⑤ (라) – (나) – (가) – (다)

05 다음 글의 핵심 내용으로 가장 적절한 것은?

> 현대 사회는 대중 매체의 영향을 많이 받는 사회이며, 그중에서도 텔레비전의 영향은 거의 절대적이다. 언어 또한 텔레비전의 영향을 많이 받는다. 그런데 텔레비전의 언어는 우리의 언어 습관을 부정적인 방향으로 흐르게 하고 있다.
>
> 텔레비전은 시청자들의 깊이 있는 사고보다는 감각적 자극에 호소하는 전달 방식을 사용하고 있다. 또 현대 자본주의 사회에서의 텔레비전 방송은 상업주의에 편승하여 대중을 붙잡기 위한 방편으로 쾌락과 흥미 위주의 언어를 무분별하게 사용한다. 결국 텔레비전은 대중의 이성적 사고 과정을 마비시켜 오염된 언어 습관을 무비판적으로 수용하게 한다. 그렇기 때문에 언어 사용을 통해 발전시킬 수 있는 상상적 사고를 기대하기 어렵게 하며, 창조적인 언어 습관보다는 단편적인 언어 습관을 갖게 만든다.
>
> 따라서 좋은 말 습관의 형성을 위해서는 또 다른 문화 매체가 필요하다. 이러한 문제의 대안으로 문학 작품의 독서를 제시하려고 한다. 문학은 작가적 현실을 언어를 매개로 형상화한 예술이다. 작가적 현실이 작품으로 형상화되기 위해서는 작가의 복잡한 사고 과정을 거치게 되듯이, 작품을 바르게 이해·해석·평가하기 위해서는 독자의 상상적 사고를 거치게 된다. 또한 문학은 아름다움을 지향하는 언어 예술로서 정제된 언어를 사용하므로 문학 작품의 감상을 통해 습득된 언어 습관은 아름답고 건전하리라 믿는다.

① 쾌락과 흥미 위주의 언어 습관을 지양하고 사고 능력을 기를 수 있는 언어 습관을 길러야 한다.
② 사고 능력을 기르고 건전한 언어 습관을 길들이기 위해서 문학 작품의 독서가 필요하다.
③ 바른 언어 습관의 형성과 건전하고 창의적인 사고를 위해 텔레비전을 멀리 해야 한다.
④ 언어는 자신의 사상을 표현하는 매체일 뿐만 아니라 그것을 사용하는 사람의 인격을 가늠하는 척도이므로 바른 언어 습관이 중요하다.
⑤ 대중 매체가 개인의 언어 습관과 사고 과정에 미치는 영향이 절대적이므로 대중 매체에서 문학 작품을 다뤄야 한다.

06 다음 제시된 단락을 읽고, 이어질 내용을 논리적 순서대로 바르게 나열한 것은?

> 낙수 이론(Trickle Down Theory)은 낙수 효과(Trickle Down Effect)에 의해서 경제 상황이 개선될 수 있다는 것을 골자로 하는 이론이다. 이 이론은 경제적 상위 계층의 생산 혹은 소비 등의 전반적 경제 활동에 따라 경제적 하위 계층에게도 그 혜택이 돌아간다는 모델에 기반을 두고 있다.

> (가) 한국에서 이 낙수 이론에 의한 경제 구조의 변화를 실증적으로 나타내는 것이 바로 1970년대 경제 발전기의 경제 발전 방식과 그 결과물이다. 한국은 대기업 중심의 경제 발전을 통해서 경제의 규모를 키웠고, 이는 기대 수명 증가 등 긍정적 결과로 나타났다.
>
> (나) 그러나 낙수 이론에 기댄 경제 정책이 실증적인 효과를 낸 전력이 있음에도 불구하고, 낙수 이론에 의한 경제 발전 모델이 과연 전체의 효용을 바람직하게 증가시켰는지에 대해서는 비판들이 있다.
>
> (다) 사회적 측면에서는 계층 간 위화감 조성이라는 문제점 또한 제기된다. 결국 상류층이 돈을 푸는 것으로 인하여 하류층의 경제적 상황에 도움이 되는 것이므로, 상류층과 하류층의 소비력의 차이가 여실히 드러나고, 이는 사회적으로 위화감을 조성한다는 것이다.
>
> (라) 제일 많이 제기되는 비판은 경제적 상류 계층이 경제 활동을 할 때까지 기다려야 한다는 낙수 효과의 본질적인 문제점에서 연유한다. 결국 낙수 효과는 상류 계층의 경제 활동에 의해 이루어지는 것이므로, 당사자가 움직이지 않는다면 발생하지 않기 때문이다.

① (가) – (나) – (다) – (라)

② (가) – (나) – (라) – (다)

③ (가) – (다) – (라) – (나)

④ (가) – (라) – (나) – (다)

⑤ (다) – (가) – (라) – (나)

07 다음 글에서 ㉠~㉤의 수정 방안으로 가장 적절한 것은?

소아시아 지역에 위치한 비잔틴 제국의 수도 콘스탄티노플이 이슬람교를 신봉하는 오스만인들에 의해 함락되었다는 소식이 인접해 있는 유럽 지역에까지 전해졌다. 그 지역 교회의 한 수도원 서기는 이에 대해 "㉠ 지금까지 이보다 더 끔찍했던 사건은 없었으며, 앞으로도 결코 없을 것이다."라고 기록했다.

1453년 5월 29일 화요일, 해가 뜨자마자 오스만 제국의 군대는 난공불락으로 유명한 케르코포르타 성의 작은 문을 뚫고 진군하기 시작했다. 해가 질 무렵, 약탈당한 도시에 남아있는 모든 것은 그들의 차지가 되었다. 비잔틴 제국의 86번째 황제였던 콘스탄티노스 11세는 서쪽 성벽 아래에 있는 좁은 골목에서 전사하였다. 이것으로 ㉡ 1,100년 이상 존재했던 소아시아 지역의 기독교도 황제가 사라졌다. 잿빛 말을 타고 화요일 오후 늦게 콘스탄티노플에 입성한 술탄 메흐메드 2세는 우선 성소피아 대성당으로 갔다. 그는 이 성당을 파괴하는 대신 이슬람 사원으로 개조하라는 명령을 내렸고, 우선 그 성당을 철저하게 자신의 보호하에 두었다. 또한 학식이 풍부한 그리스 정교회 수사에게 격식을 갖추어 공석 중인 총대주교직을 수여하고자 했다. 그는 이슬람 세계를 위해 ㉢ 기독교의 제단뿐만 아니라 그 이상의 것들도 활용했다. 역대 비잔틴 황제들이 제정한 법을 그가 주도하고 있던 법제화의 모델로 이용하였던 것이다. 이러한 행위들은 ㉣ 단절을 추구하는 정복왕 메흐메드 2세의 의도에서 비롯된 것이라고 할 수 있다. 그는 자신이야말로 지중해를 '우리의 바다'라고 불렀던 로마 제국의 진정한 계승자임을 선언하고 싶었던 것이다. 일례로 그는 한때 유럽과 아시아를 포함한 지중해 전역을 지배했던 제국의 정통 상속자임을 선언하면서 의미심장하게도 자신의 직함에 '룸 카이세리', 즉 로마의 황제라는 칭호를 추가했다. 또한 그는 패권 국가였던 로마의 옛 명성을 다시 찾기 위한 노력의 일환으로 로마 사람의 땅이라는 뜻을 지닌 루멜리아에 새로 수도를 정했다. 이렇게 함으로써 그는 ㉤ 오스만 제국이 유럽으로 확대될 것이라는 자신의 확신을 보여주었다.

① ㉠ : '지금까지 이보다 더 영광스러운 사건은 없었으며'로 고친다.
② ㉡ : '1,100년 이상 존재했던 소아시아 지역의 이슬람 황제가 사라졌다.'로 고친다.
③ ㉢ : '기독교의 제단뿐만 아니라 그 이상의 것들도 파괴했다.'로 고친다.
④ ㉣ : '연속성을 추구하는 정복왕 메흐메드 2세의 의도에서 비롯된 것'으로 고친다.
⑤ ㉤ : '오스만 제국이 아시아로 확대될 것이라는 자신의 확신을 보여주었다.'로 고친다.

08 길이가 6km인 터널의 양쪽에서 150m 길이의 A열차와 200m 길이의 B열차가 동시에 진입하였다. B열차가 터널을 완전히 빠져나오는 시간이 A열차가 터널을 완전히 빠져나오는 시간보다 10초 더 짧았다. B열차가 A열차보다 1분당 3km가 더 빠를 때, 터널 안에서 A열차가 B열차를 마주친 순간부터 B열차를 완전히 지나가는 데 필요한 시간은?

① 1초 ② 1.5초
③ 2초 ④ 2.5초
⑤ 3초

09 서경이는 흰색 깃발과 검은색 깃발을 하나씩 갖고 있는데, 깃발을 총 5번 들어 신호를 표시하려고 한다. 같은 깃발은 4번까지만 사용하여 신호를 표시한다면, 만들 수 있는 신호는 총 몇 가지인가?

① 14가지
② 16가지
③ 30가지
④ 32가지
⑤ 36가지

10 총무부에 근무하는 A사원은 각 부서에 필요한 사무용품을 조사한 결과, 볼펜 30자루, 수정테이프 8개, 연필 20자루, 지우개 5개가 필요하다고 한다. 다음 〈조건〉에 따라 비품을 구매할 때, 지불할 수 있는 가장 저렴한 금액은?(단, 필요한 비품 수를 초과하여 구매할 수 있고, 지불하는 금액은 배송료를 포함한다)

조건

• 볼펜, 수정테이프, 연필, 지우개의 판매 금액은 다음과 같다(단, 모든 품목은 낱개로 판매한다).

품목	가격(원/1EA)	비고
볼펜	1,000	20자루 이상 구매 시 1개당 200원 할인
수정테이프	2,500	10개 이상 구매 시 1개당 1,000원 할인
연필	400	12자루 이상 구매 시 연필 전체 가격의 25% 할인
지우개	300	10개 이상 구매 시 1개당 100원 할인

• 품목당 할인을 적용한 금액의 합이 3만 원을 초과할 경우, 전체 금액의 10% 할인이 추가로 적용된다.
• 전체 금액의 10% 할인 적용 전 금액이 5만 원 초과 시 배송료는 무료이다.
• 전체 금액의 10% 할인 적용 전 금액이 5만 원 이하 시 배송료 5,000원이 별도로 적용된다.

① 51,500원
② 51,350원
③ 46,350원
④ 45,090원
⑤ 42,370원

11 시계 광고에서 시계는 항상 10시 10분을 가리킨다. 그 이유는 이 시각이 회사 로고가 가장 잘 보이며 시계 바늘이 이루는 각도도 가장 안정적이기 때문이다. 시계가 10시 10분을 가리킬 때 시침과 분침이 이루는 작은 쪽의 각도는?

① 115°
② 135°
③ 145°
④ 155°
⑤ 175°

12 다음 10대 무역수지 흑자국에 대한 자료를 통해 알 수 있는 내용으로 옳지 않은 것은?

〈10대 무역수지 흑자국〉

(단위 : 백만 달러)

순위	2022년		2023년		2024년	
	국가명	금액	국가명	금액	국가명	금액
1	중국	32,457	중국	45,264	중국	47,779
2	홍콩	18,174	홍콩	23,348	홍콩	28,659
3	마샬군도	9,632	미국	9,413	싱가포르	11,890
4	미국	8,610	싱가포르	7,395	미국	11,635
5	멕시코	6,161	멕시코	7,325	베트남	8,466
6	싱가포르	5,745	베트남	6,321	멕시코	7,413
7	라이베리아	4,884	인도	5,760	라이베리아	7,344
8	베트남	4,780	라이베리아	5,401	마샬군도	6,991
9	폴란드	3,913	마샬군도	4,686	브라질	5,484
10	인도	3,872	슬로바키아	4,325	인도	4,793

① 2022년부터 2024년까지 10대 무역수지 흑자국에 2번 이상 포함된 국가의 수는 9개국이다.

② 2024년 1위 흑자국의 액수는 10위 흑자국 액수의 10배 이상이다.

③ 싱가포르의 2022년 대비 2024년의 흑자액은 2배 이상이다.

④ 싱가포르를 제외하고 2022년 대비 2024년의 흑자 증가율이 가장 높은 나라는 베트남이다.

⑤ 2022년부터 2024년까지 매년 순위가 상승하는 나라는 2개국이다.

13 다음은 K기업의 연도별 재무 자료이다. 이에 대한 설명으로 옳지 않은 것은?

〈K기업 연도별 재무 자료〉

(단위 : 억 원, %)

연도	자산	부채	자본	부채 비율
2015년	41,298	15,738	25,560	61.6
2016년	46,852	23,467	23,385	100.4
2017년	46,787	21,701	25,086	86.5
2018년	50,096	23,818	26,278	80.6
2019년	60,388	26,828	33,560	79.9
2020년	64,416	30,385	34,031	89.3
2021년	73,602	39,063	34,539	113.1
2022년	87,033	52,299	34,734	150.6
2023년	92,161	55,259	36,902	149.7
2024년	98,065	56,381	41,684	135.3

① K기업의 자본금은 2019년에 전년 대비 7,000억 원 이상 증가했는데, 이는 10년간 자본금 추이를 볼 때 두드러진 변화이다.

② 부채 비율이 전년 대비 가장 많이 증가한 해는 2016년이다.

③ 10년간 평균 부채 비율은 90% 미만이다.

④ 2024년의 자산과 자본은 10년 중 가장 많았지만, 그만큼 부채도 가장 많았다.

⑤ K기업의 자산과 부채는 2017년부터 8년간 꾸준히 증가했다.

14 다음은 동일한 상품군을 판매하는 백화점과 TV홈쇼핑의 상품군별 판매수수료율에 대한 자료이다. 〈보기〉 중 옳은 것을 모두 고르면?

〈백화점 판매수수료율 순위〉

(단위 : %)

판매수수료율 상위 5개			판매수수료율 하위 5개		
순위	상품군	판매수수료율	순위	상품군	판매수수료율
1	셔츠	33.9	1	디지털기기	11.0
2	레저용품	32.0	2	대형가전	14.4
3	잡화	31.8	3	소형가전	18.6
4	여성정장	31.7	4	문구	18.7
5	모피	31.1	5	신선식품	20.8

〈TV홈쇼핑 판매수수료율 순위〉

(단위 : %)

판매수수료율 상위 5개			판매수수료율 하위 5개		
순위	상품군	판매수수료율	순위	상품군	판매수수료율
1	셔츠	42.0	1	여행패키지	8.4
2	여성캐주얼	39.7	2	디지털기기	21.9
3	진	37.8	3	유아용품	28.1
4	남성정장	37.4	4	건강용품	28.2
5	화장품	36.8	5	보석	28.7

보기

㉠ 백화점과 TV홈쇼핑 모두 셔츠 상품군의 판매수수료율이 전체 상품군 중 가장 높았다.
㉡ 여성정장 상품군과 모피 상품군의 판매수수료율은 TV홈쇼핑이 백화점보다 더 낮았다.
㉢ 디지털기기 상품군의 판매수수료율은 TV홈쇼핑이 백화점보다 더 높았다.
㉣ 여행패키지 상품군의 판매수수료율은 백화점이 TV홈쇼핑의 2배 이상이었다.

① ㉠, ㉡

② ㉠, ㉢

③ ㉡, ㉣

④ ㉠, ㉢, ㉣

⑤ ㉡, ㉢, ㉣

15 다음은 K은행에 대한 SWOT 분석 결과이다. 빈칸 ㉠ ~ ㉢에 들어갈 전략이 잘못 연결된 것은?

〈K은행 SWOT 분석 결과〉

구분	분석 결과
강점(Strength)	• 안정적 경영 상태 및 자금 흐름 • 풍부한 오프라인 인프라
약점(Weakness)	• 담보 중심의 방어적 대출 운영으로 인한 혁신기업 발굴 및 투자 가능성 저조 • 은행업계의 저조한 디지털 전환 적응력
기회(Opportunity)	• 테크핀 기업들의 성장으로 인해 협업 기회 풍부
위협(Threat)	• 핀테크 및 테크핀 기업들의 금융업 점유율 확대

구분	강점(S)	약점(W)
기회(O)	• 안정적 자금 상태를 기반으로 혁신적 기술을 갖춘 테크핀과의 협업을 통해 실적 증대	• 테크핀 기업과의 협업을 통해 혁신적 문화를 학습해 디지털 전환을 위한 문화적 개선 추진 • ㉠
위협(T)	• ㉡	• 전당포식 대출 운영 기조를 변경하여 혁신금융 기업으로부터 점유율 방어 • ㉢

① ㉠ : 테크핀 기업의 기업운영 방식을 벤치마킹 후 현재 운영 방식에 융합하여 디지털 전환에 필요한 혁신동력 배양

② ㉠ : 금융혁신 기업과의 협업을 통해 혁신기업의 특성을 파악하고 이를 조기에 파악할 수 있는 안목을 키워 도전적 대출 운영에 반영

③ ㉡ : 신생 금융기업에 비해 풍부한 오프라인 인프라를 바탕으로, 아직 오프라인 채널을 주로 이용하는 고령층 고객에 대한 점유율 우위 선점

④ ㉢ : 조직문화를 개방적으로 혁신하여 디지털 전환에의 적응력을 제고해 급성장하는 금융업 신생기업으로부터 점유율 우위 확보

⑤ ㉢ : 풍부한 자본을 토대로 한 온라인 채널 투자를 통해 핀테크 및 테크핀 기업의 점유율 확보로부터 방어

16 다음 〈조건〉에 따라 5층 건물에 A ~ E 5명이 살고 있을 때, 반드시 옳지 않은 것은?(단, 지하에는 사람이 살지 않는다)

조건

- 각 층에는 최대 2명이 살 수 있다.
- 어느 한 층에는 사람이 살고 있지 않다.
- 짝수 층에는 1명씩만 살고 있다.
- A는 짝수 층에 살고, B는 홀수 층에 살고 있다.
- D는 C 바로 위층에 살고 있다.
- E는 1층에 살고 있다.
- D는 5층에 살지 않는다.

① A가 2층에 산다면 B와 같은 층에 사는 사람이 있다.
② B가 5층에 산다면 C는 어떤 층에서 혼자 살고 있다.
③ C가 2층에 산다면 B와 E는 같은 층에서 살 수 있다.
④ D가 4층에 산다면 B와 C는 같은 층에서 살 수 있다.
⑤ E가 1층에 혼자 산다면 B와 D는 같은 층에서 살 수 있다.

※ 다음 사례를 읽고 이어지는 질문에 답하시오. [17~18]

〈상황〉

설탕과 프림을 넣지 않은 고급 인스턴트 블랙커피를 커피믹스와 같은 스틱 형태로 선보이겠다는 아이디어를 제시하였지만, 인스턴트커피를 제조하고 판매하는 K기업의 경영진의 반응은 차가웠다. K기업의 커피믹스가 너무 잘 판매되고 있었기 때문이었다.

〈회의 내용〉

기획팀 부장 : 신제품 개발과 관련된 회의를 진행하도록 하겠습니다. 이 자리는 누구에게 책임이 있는지를 묻는 회의가 아닙니다. 신제품 개발에 대한 서로의 상황을 인지하고 문제 상황을 해결하자는 데 그 의미가 있습니다. 먼저 신제품 개발과 관련하여 마케팅팀 의견을 제시해 주십시오.

마케팅 부장 : A제품이 생산될 수 있도록 연구소 자체 공장에 파일럿 라인을 만들어 샘플을 생산하였으면 합니다.

연구소 소장 : 성공 여부가 불투명한 신제품을 위한 파일럿 라인을 만들기는 어렵습니다.

기획팀 부장 : 조금이라도 신제품 개발을 위해 생산현장에서 무언가 협력할 방안은 없을까요?

마케팅 부장 : 고급 인스턴트커피의 생산이 가능한지를 먼저 알아본 후 한 단계씩 전진하면 어떨까요?

기획팀 부장 : 좋은 의견인 것 같습니다. 소장님은 어떻게 생각하십니까?

연구소 소장 : 커피 전문점 수준의 고급 인스턴트커피를 만들기 위해서는 최대한 커피 전문점이 만드는 커피와 비슷한 과정을 거쳐야 할 것 같습니다.

마케팅 부장 : 그렇습니다. 하지만 100% 커피 전문점 원두커를 만드는 것이 아닙니다. 전문점 커피를 100으로 봤을 때, 80 ~ 90% 정도 수준이면 됩니다.

연구소 소장 : 퀄리티는 높이고 일회용 스틱 형태의 제품인 믹스의 사용 편리성은 그대로 두자는 이야기죠?

마케팅 부장 : 그렇습니다. 우선 커피를 추출하는 장비가 필요합니다. 또한 액체인 커피를 봉지에 담지 못하니 동결건조 방식을 활용해야 할 것 같습니다.

연구소 소장 : 보통 믹스커피는 하루 1톤 분량의 커피를 만들 수 있는데, 이야기한 방법으로는 하루에 100kg도 못 만듭니다.

마케팅 부장 : 예, 잘 알겠습니다. 그 부분에 대해서는 조금 더 논의가 필요할 것 같습니다. 검토를 해보겠습니다.

17 다음 중 마케팅 부장이 취하는 문제해결 방법은 무엇인가?

① 소프트 어프로치
② 하드 어프로치
③ 퍼실리테이션
④ 비판적 사고
⑤ 창의적 사고

18 다음 중 K기업의 신제품 개발과 관련하여 가장 필요했던 것은?

① 전략적 사고
② 분석적 사고
③ 발상의 전환
④ 내·외부자원의 효과적 활용
⑤ 성과지향 사고

19 1박 2일로 출장을 갔다 온 김대리의 사용 경비가 다음 〈조건〉과 같을 때, 인정되는 김대리의 외근비용의 합계는?

> **조건**
> • 출장 첫날 오전 10시에 무료 셔틀버스를 타고 출장지로 이동하였다.
> • 출장지에서 도보 5분 거리에 있는 A호텔에서 숙박하였다.
> • A호텔의 숙박비는 250,000원이고, 식비는 조식 12,000원, 중식 18,000원, 석식 22,000원이다.
> • 출장 첫날의 중식과 석식 및 그다음 날 조식을 A호텔에서 먹었다.
> • 출장 마지막 날 중식을 K식당에서 먹고 15,000원을 지불하였다.
> • 본사로 복귀할 때 시외버스로 이동하였으며 좌석 비용으로 35,000원을 지불하였다.
> • 본사에서 출발할 때부터 본사로 복귀할 때까지 지출한 모든 교통비, 숙박비는 외근비용으로 인정한다.
> • 본사에서 출발할 때부터 본사로 복귀할 때까지 지출한 식비는 조식, 중식, 석식에 한하여 최대 15,000원까지 인정한다. 이를 초과한 금액이거나 조식, 중식, 석식 외 지출한 식비는 인정하지 않는다.

① 315,000원
② 342,000원
③ 367,000원
④ 384,000원
⑤ 397,900원

20 절도 범죄에 가담한 A ~ G 7명이 연행되었는데, 이들 중 주동자가 2명 있다. 누가 주동자인지에 대해서 증인 5명이 다음과 같이 진술하였을 때, 주동자 중 1명은 누구인가?

> 증인 1 : A, B, G는 모두 아니다.
> 증인 2 : E, F, G는 모두 아니다.
> 증인 3 : C와 G 중에서 최소 1명은 주동자이다.
> 증인 4 : A, B, C, D 중에서 최소 1명은 주동자이다.
> 증인 5 : B, C, D 중에서 최소 1명이 주동자이고, D, E, F 중에서 최소 1명이 주동자이다.

① A
② B
③ C
④ F
⑤ G

21 다음 글의 빈칸에 들어갈 내용으로 가장 적절한 것은?

> 경기적 실업이란 경기 침체의 영향으로 기업 활동이 위축되고 이로 인해 노동에 대한 수요가 감소하여 고용량이 줄어들어 발생하는 실업이다. 다시 말해 경기적 실업은 노동 시장에서 노동의 수요와 공급이 균형을 이루고 있는 상태라고 가정할 때, 경기가 침체되어 물가가 하락하게 되면 _____
> 경기적 실업은 다른 종류의 실업에 비해 생산량 측면에서 경제적으로 큰 손실을 발생시킬 수 있기에 경제학자들은 이를 해결하기 위한 정부의 역할에 대해 다양한 의견을 제시한다.

① 기업은 생산량을 줄이게 되고, 이로 인해 노동에 대한 공급이 감소하여 발생한다.
② 기업은 생산량을 늘리게 되고, 이로 인해 노동에 대한 수요가 증가하여 발생한다.
③ 기업은 생산량을 늘리게 되고, 이로 인해 노동에 대한 공급이 감소하여 발생한다.
④ 기업은 생산량을 줄이게 되고, 이로 인해 노동에 대한 수요가 감소하여 발생한다.
⑤ 기업은 생산량을 줄이게 되고, 이로 인해 노동에 대한 수요가 증가하여 발생한다.

22 다음 문단을 논리적 순서대로 바르게 나열한 것은?

> (가) 하지만 지금은 고령화 시대를 맞아 만성질환이 다수이다. 꾸준히 관리받아야 건강을 유지할 수 있다. 치료보다 치유가 대세이다. 이 때문에 미래 의료는 간호사 시대라고 말한다. 그럼에도 간호사에 대한 활용은 시대 흐름과 동떨어져 있다.
> (나) 인간의 질병 구조가 변하면 의료 서비스의 비중도 바뀐다. 과거에는 급성질환이 많았다. 맹장염(충수염)이나 구멍 난 위궤양 등 수술로 해결해야 할 상황이 잦았다. 따라서 질병 관리 대부분을 의사의 전문성에 의존해야만 했다.
> (다) 현재 2년 석사과정을 거친 전문 간호사가 대거 양성되고 있다. 하지만 이들의 활동은 건강보험 의료수가에 반영되지 않고, 이 때문에 병원이 전문 간호사를 적극적으로 채용하려 하지 않는다. 의사의 손길이 미치지 못하는 곳은 전문성을 띤 간호사가 그 역할을 대신해야 함에도 말이다.
> (라) 고령 장수 사회로 갈수록 간호사의 역할은 커진다. 병원뿐 아니라 다양한 공간에서 환자를 돌보고 건강관리가 이뤄지는 의료 서비스가 중요해졌다. 간호사 인력 구성과 수요는 빠르게 바뀌어 가는데 의료 환경과 제도는 한참 뒤처져 있어 안타깝다.

① (가) – (나) – (다) – (라)　　　　② (가) – (다) – (라) – (나)
③ (나) – (가) – (다) – (라)　　　　④ (나) – (라) – (가) – (다)
⑤ (다) – (라) – (가) – (나)

23 다음 글의 서술상 특징으로 가장 적절한 것은?

제2차 세계대전이 끝나고 나서 미국과 소련 및 그 동맹국들 사이에서 공공연하게 전개된 제한적 대결 상태를 냉전이라고 한다. 냉전의 기원에 대한 논의는 냉전이 시작된 직후부터 최근까지 계속 진행되었다. 이는 단순히 냉전의 발발 시기와 이유에 대한 논의만이 아니라, 그 책임 소재를 묻는 것이기도 하다. 그 연구의 결과를 편의상 세 가지로 나누어 볼 수 있다.

가장 먼저 나타난 전통주의는 냉전을 유발한 근본적 책임이 소련의 팽창주의에 있다고 보았다. 소련은 세계를 공산화하기 위한 계획을 수립했고, 이 계획을 실행하기 위해 특히 동유럽 지역을 시작으로 적극적인 팽창 정책을 수행하였다. 그리고 미국이 자유 민주주의 세계를 지켜야 한다는 도덕적 책임감에 기초하여 그에 대한 봉쇄 정책을 추구하는 와중에 냉전이 발생했다고 본다. 미국의 봉쇄 정책이 성공적으로 수행된 결과 냉전이 종식되었다는 것이 이들의 입장이다.

여기에 비판을 가한 수정주의는 기본적으로 냉전의 책임이 미국 쪽에 있고, 미국의 정책은 경제적 동기에서 비롯되었다고 주장했다. 미국은 전후 세계를 자신들이 주도해 나가야 한다고 생각했고, 전쟁 중에 급증한 생산력을 유지할 수 있는 시장을 얻기 위해 세계를 개방 경제 체제로 만들고자 했다. 그러므로 미국 정책 수립의 기저에 깔린 것은 이념이 아니라는 것이다. 무엇보다 소련은 미국에 비해 국력이 미약했으므로 적극적 팽창 정책을 수행할 능력이 없었다는 것이 수정주의의 기본적 입장이었다. 오히려 미국이 유럽에서 공격적인 정책을 수행했고, 소련은 이에 대응했다는 것이다.

냉전의 기원에 대한 또 다른 주장인 탈수정주의는 위의 두 가지 주장에 대한 절충적 시도로서 냉전의 책임을 일방적으로 어느 한쪽에 부과해서는 안 된다고 보았다. 즉, 냉전은 양국이 추진한 정책의 '상호작용'에 의해 발생했다는 것이다. 또 경제를 중심으로만 냉전을 보아서는 안 되며 안보 문제 등도 같이 고려하여 파악해야 한다고 보았다. 소련의 목적은 주로 안보 면에서 제한적으로 추구되었는데, 미국은 소련의 행동에 과잉 반응했고, 이것이 상황을 악화시켰다는 것이다. 이로 인해 냉전 책임론은 크게 후퇴하고 구체적인 정책 형성에 대한 연구가 부각되었다.

① 하나의 현상에 대한 다양한 견해를 제시하고 있다.
② 여러 가지 의견을 비교하면서 그 우월성을 논하고 있다.
③ 기존의 견해를 비판하면서 새로운 견해를 제시하고 있다.
④ 현상의 원인을 분석하여 다양한 해결책을 제시하고 있다.
⑤ 충분한 사례를 들어 자신의 주장을 뒷받침하고 있다.

24 농도가 9%인 A소금물 300g과 농도가 11.2%인 B소금물 250g을 합쳐서 C소금물을 만들었다. C소금물을 20% 덜어내고, 10g의 소금을 추가했을 때, 만들어진 소금물의 농도는?

① 12%   ② 13%

③ 14%   ④ 15%

⑤ 16%

25 다음은 A ~ C대학교 입학 및 졸업자 인원 현황에 대한 자료이다. 빈칸에 들어갈 값으로 옳은 것은?(단, 각 수치는 매년 일정한 규칙으로 변화한다)

〈대학교별 입학 및 졸업자 추이〉

(단위 : 명)

구분	A대학교		B대학교		C대학교	
	입학	졸업	입학	졸업	입학	졸업
2020년	670	613	502	445	422	365
2021년	689	632	530	473	436	379
2022년	740	683	514		452	395
2023년	712	655	543	486	412	355
2024년	749	692	540	483	437	380

① 448   ② 457

③ 462   ④ 473

⑤ 487

26 K씨는 네일아트를 전문적으로 하는 뷰티숍을 개점하기 전 고객 분포를 알아보고자 직접 설문조사를 하였다. 설문조사 결과가 다음과 같을 때, K씨가 이해한 내용으로 옳은 것은?(단, 복수응답과 무응답은 없다)

〈응답자의 연령대별 방문 횟수〉

(단위 : 명)

방문 횟수 \ 연령대	20 ~ 25세	26 ~ 30세	31 ~ 35세	합계
1회	19	12	3	34
2 ~ 3회	27	32	4	63
4 ~ 5회	6	5	2	13
6회 이상	1	2	0	3
합계	53	51	9	113

〈응답자의 직업〉

(단위 : 명)

직업	응답자
학생	49
회사원	43
공무원	2
전문직	7
자영업	9
가정주부	3
합계	113

① 전체 응답자 중 20 ~ 25세 응답자가 차지하는 비율은 50% 이상이다.
② 26 ~ 30세 응답자 중 4회 이상 방문한 응답자 비율은 10% 이상이다.
③ 31 ~ 35세 응답자의 1인당 평균 방문 횟수는 2회 미만이다.
④ 전체 응답자 중 직업이 학생 또는 공무원인 응답자 비율은 50% 이상이다.
⑤ 전체 응답자 중 20 ~ 25세인 전문직 응답자 비율은 5% 미만이다.

27 다음 수제 초콜릿에 대한 분석 기사를 읽고 〈보기〉에서 설명하는 SWOT 분석에 의한 마케팅 전략을 진행하고자 할 때, 마케팅 전략으로 적절하지 않은 것은?

> 오늘날 식품 시장을 보면 원산지와 성분이 의심스러운 제품들로 넘쳐 납니다. 이로 인해 소비자들은 고급스럽고 안전한 먹거리를 찾고 있습니다. 우리의 수제 초콜릿은 이러한 요구를 완벽하게 충족시켜주고 있습니다. 풍부한 맛, 고급 포장, 모양, 건강상의 혜택, 강력한 스토리텔링 모두 높은 품질을 원하는 소비자들의 요구를 충족시키는 것입니다. 사실 수제 초콜릿을 만드는 데는 비용이 많이 듭니다. 각종 장비 및 유지·보수에서부터 값비싼 포장과 유통 업체의 높은 수익을 보장해주다 보면 초콜릿을 생산하는 업체에게 남는 이익은 많지 않습니다. 또한 수제 초콜릿의 존재 자체를 많은 사람들이 알지 못하는 상황입니다. 하지만 보다 좋은 식품에 대한 인기가 높아짐에 따라 더 많은 업체들이 수제 초콜릿을 취급하기를 원하고 있습니다. 따라서 수제 초콜릿은 일반 초콜릿보다 더 높은 가격으로 판매될 수 있을 것입니다. 현재 초콜릿을 대량으로 생산하는 대형 기업들은 자신들의 일반 초콜릿과 수제 초콜릿의 차이를 줄이는 데 최선을 다하고 있습니다. 그리고 직접 맛을 보기 전에는 일반 초콜릿과 수제 초콜릿의 차이를 알 수 없기 때문에 소비자들은 굳이 초콜릿에 더 많은 돈을 지불해야 하는 이유를 알지 못할 수 있습니다. 따라서 수제 초콜릿의 효과적인 마케팅 전략이 필요한 시점입니다.

보기

- SO전략 : 강점을 살려 기회를 포착
- ST전략 : 강점을 살려 위협을 회피
- WO전략 : 약점을 보완하여 기회를 포착
- WT전략 : 약점을 보완하여 위협을 회피

---

① 수제 초콜릿의 값비싸고 과장된 포장을 바꾸고, 그 비용으로 안전하고 맛있는 수제 초콜릿을 홍보하면 어떨까.
② 수제 초콜릿을 고급 포장하여 수제 초콜릿의 스토리텔링을 더 살려보는 것은 어떨까.
③ 수제 초콜릿의 스토리텔링을 포장에 명시한다면 소비자들이 믿고 구매할 수 있을 거야.
④ 수제 초콜릿의 마케팅을 강화하는 방법으로 수제 초콜릿의 차이를 알려 대기업과의 경쟁에서 이겨야겠어.
⑤ 전문가의 의견을 통해 수제 초콜릿의 풍부한 맛을 알리는 동시에 일반 초콜릿과 맛의 차이도 알려야겠어.

28 다음 글의 내용이 참일 때, 반드시 거짓인 것은?

> 갑 ~ 무는 K부서에 근무하고 있다. 이 부서에서는 다른 공사와의 업무 협조를 위해 지방의 A ~ D 네 지역으로 직원을 출장 보낼 계획을 수립하였다. 원활한 업무 수행을 위해서 모든 출장은 갑 ~ 무 중 두 명 또는 세 명으로 구성된 팀 단위로 이루어진다. 네 팀이 구성되어 네 지역에 각각 한 팀씩 출장이 배정되며, 네 지역 출장 날짜는 모두 다르다. 모든 직원은 최소한 한 번 출장에 참가한다. 이번 출장 업무를 총괄하는 직원은 단 한 명밖에 없으며, 그는 네 지역 모두의 출장에 참가한다. 더불어 업무 경력을 고려하여 단 한 지역의 출장에만 참가하는 것은 신입사원으로 제한한다. K부서에 근무하는 신입사원은 한 명밖에 없다. 이런 기준 아래에서 출장 계획을 수립한 결과, 을은 갑과 단둘이 가는 한 번의 출장 이외에 다른 어떤 출장도 가지 않으며, 병과 정이 함께 출장을 가는 경우는 단 한 번밖에 없다. 그리고 네 지역 가운데 광역시가 두 곳인데, 단 두 명의 직원만이 두 광역시 모두에 출장을 간다.

① 갑은 이번 출장 업무를 총괄하는 직원이다.
② 을은 광역시에 출장을 가지 않는다.
③ 병이 갑, 무와 함께 출장을 가는 지역이 있다.
④ 정은 총 세 곳에 출장을 간다.
⑤ 무가 출장을 가는 지역은 두 곳이고 그중 한 곳은 정과 함께 간다.

29 이웃해 있는 10개의 건물에 초밥 가게, 옷 가게, 신발 가게, 편의점, 약국, 카페가 있다. 카페가 3번째 건물에 있을 때, 〈조건〉을 토대로 항상 옳은 것은?(단, 한 건물에 한 가지 업종만 들어갈 수 있다)

> **조건**
> • 초밥 가게는 카페보다 앞에 있다.
> • 초밥 가게와 신발 가게 사이에 6개의 건물이 있다.
> • 옷 가게와 편의점은 인접할 수 없으며, 옷 가게와 신발 가게는 인접해 있다.
> • 신발 가게 뒤에 아무것도 없는 2개의 건물이 있다.
> • 2번째와 4번째 건물은 아무것도 없는 건물이다.
> • 편의점과 약국은 인접해 있다.

① 카페와 옷 가게는 인접해 있다.
② 초밥 가게와 약국 사이에 2개의 건물이 있다.
③ 편의점은 6번째 건물에 있다.
④ 신발 가게는 8번째 건물에 있다.
⑤ 옷 가게는 5번째 건물에 있다.

30 호동·수근·지원은 점심식사 후 항상 커피를 마시며, 종류는 아메리카노·카페라테·카푸치노·에스프레소 4종류가 있다. 다음 〈조건〉이 항상 참일 때 옳은 것은?

> **조건**
> • 호동은 카페라테와 카푸치노를 마시지 않는다.
> • 수근은 에스프레소를 마신다.
> • 호동과 수근이 마시는 커피는 서로 다르다.
> • 지원은 에스프레소를 마시지 않는다.

① 지원은 아메리카노를 마신다.
② 호동은 아메리카노를 마신다.
③ 지원과 수근이 마시는 커피는 같다.
④ 호동이 마시는 커피는 주어진 조건만으로는 알 수 없다.
⑤ 지원은 카푸치노를 마신다.

31 다음 〈보기〉 중 Windows 환경에서 [폴더옵션] 내에서 설정할 수 있는 항목을 모두 고르면?

> **보기**
> ㉠ 같은 창에서 폴더 열기
> ㉡ 두 번 클릭해서 항목 열기
> ㉢ 즐겨찾기에서 최근에 사용된 파일 표시
> ㉣ 표준시간대 설정

① ㉡, ㉢
② ㉠, ㉡, ㉢
③ ㉠, ㉡, ㉣
④ ㉠, ㉢, ㉣
⑤ ㉡, ㉢, ㉣

※ 정보운영처에 근무하는 김대리는 랜섬웨어에 대한 대비책을 직원들에게 전파하려고 한다. 다음 메일을 보고 이어지는 질문에 답하시오. [32~33]

발신 : 김○○ 대리(정보운영처, ***@abc.××.kr) 2025.03.05 14:25:32
수신 : 전 임직원
참조 :
제목 : [긴급 공지] 랜섬웨어 유포 관련 주의사항
내용 :
안녕하십니까? 정보운영처 김○○ 대리입니다.
최근 해외에서 기승을 부리던 랜섬웨어가 국내로까지 확장되고 있다는 보도가 나왔습니다. 이와 관련하여 직원 여러분들께 관련 보도자료와 몇 가지 주의사항을 당부 드리고자 합니다.

〈보도자료〉

랜섬웨어(Ransomware)란 몸값을 의미하는 랜섬(Ransom)과 소프트웨어(Software)의 합성어로 금전 갈취를 목표로 하는 신종 악성코드(Malware)의 일종이다. 랜섬웨어에 감염된 컴퓨터는 시스템에 대한 접근이 제한되고 이를 해결하기 위해서는 랜섬웨어 제작자에게 대가로 금품을 지불해야 한다. 이러한 랜섬웨어가 확산되기 시작하면서 컴퓨터 보안업계에 비상이 걸렸다. 그간 미국, 일본, 영국 등 해외에서 기승을 부리던 랜섬웨어가 이제는 한국어 버전으로 출현해 국내도 더 이상 안전지대가 아니라는 게 전문가들의 지적이다. 특히 문서, 사진, 동영상 등 데이터를 암호화하는 '크립토 랜섬웨어(Crypto Ransomware)'는 한번 감염되면 복구가 쉽지 않아 보안이 허술한 중소기업 등의 경영 활동에 걸림돌이 될 수 있다는 우려도 제기된다.

〈주의사항〉

이외 랜섬웨어 대응에 관해 궁금한 점이 있으시면 언제든지 정보운영처로 연락주시기 바랍니다.
감사합니다.

정보운영처 김○○ 드림.

32 다음 중 김대리가 보낸 메일의 빈칸에 포함될 주의사항으로 보기 어려운 것은?

① 모바일 OS나 인터넷 브라우저 등을 최신 버전으로 유지하십시오.

② 출처가 명확하지 않은 앱이나 프로그램은 설치하지 마십시오.

③ 비트코인 등 전자 화폐를 구입하라는 메시지는 즉시 삭제하고, 유사 사이트에 접속하지 마십시오.

④ 파일이 랜섬웨어에 감염되면 복구 프로그램을 활용해서 최대한 빨리 복구하십시오.

⑤ 중요 자료는 정기적으로 백업하십시오.

33 메일을 발송하려던 중 랜섬웨어와 같은 컴퓨터 악성코드에 대해 잘 모르는 직원들을 위해 조금 더 설명을 추가하기로 하였다. 다음 중 김대리가 메일 내용에 포함시키기에 적절하지 않은 것은?

① 악성코드는 악의적인 용도로 사용될 수 있는 유해 프로그램을 말합니다.

② 악성코드는 외부 침입을 탐지하고 분석하는 프로그램으로 잘못된 정보를 남발할 수 있습니다.

③ 악성코드는 때로 실행하지 않은 파일을 저절로 삭제하거나 변형된 모습으로 나타나게 합니다.

④ 악성코드에는 대표적으로 스파이웨어, 트로이 목마 같은 것이 있습니다.

⑤ 악성코드는 마치 다른 프로그램의 한 유형인 것처럼 가장하여 활동할 수도 있습니다(트로이 목마).

34 다음 〈보기〉 중 데이터베이스의 필요성에 대한 설명으로 적절하지 않은 것을 모두 고르면?

> **보기**
> ㉠ 데이터베이스를 이용하면 데이터 관리상의 보안을 높일 수 있다.
> ㉡ 데이터베이스 도입만으로 특정 자료 검색을 위한 효율이 높아진다고 볼 수는 없다.
> ㉢ 데이터베이스를 이용하면 데이터 관리 효율은 높일 수 있지만, 데이터의 오류를 수정하기가 어렵다.
> ㉣ 데이터가 양적으로 방대하다고 해서 반드시 좋은 것은 아니므로 데이터베이스를 형성해 중복된 데이터를 줄여야 한다.

① ㉠, ㉡   ② ㉠, ㉢

③ ㉡, ㉢   ④ ㉡, ㉣

⑤ ㉢, ㉣

35 다음 시트에서 [B1] ~ [B5] 셀에 〈보기〉의 함수를 순서대로 입력하였을 때, 표시되는 결괏값이 나머지 넷과 다른 하나는?

	A	B
1	333	
2	합격	
3	불합격	
4	12	
5	7	

> **보기**
> (가) =ISNUMBER(A1)   (나) =ISNONTEXT(A2)
> (다) =ISTEXT(A3)   (라) =ISEVEN(A4)
> (마) =ISODD(A5)

① (가)   ② (나)

③ (다)   ④ (라)

⑤ (마)

36 다음 중 하나의 시스템을 여러 사용자가 공유하여 동시에 대화식으로 작업을 수행할 수 있는 시스템은 무엇인가?

① 오프라인 시스템(Off-Line System)

② 일괄 처리 시스템(Batch Processing System)

③ 시분할 시스템(Time Sharing System)

④ 분산 시스템(Distributed System)

⑤ 실시간 시스템(Real Time System)

37 다음 중 Windows 7의 바탕화면에 있는 바로가기 아이콘에 대한 설명으로 적절하지 않은 것은?

① 바로가기 아이콘의 왼쪽 아래에는 화살표 모양의 그림이 표시된다.

② 바로가기 아이콘을 이름, 크기, 형식, 수정한 날짜 등의 순서로 정렬하여 표시할 수 있다.

③ 바로가기 아이콘의 바로가기를 또 만들 수 있다.

④ 바로가기 아이콘을 삭제하면 연결된 실제의 대상 파일도 삭제된다.

⑤ 〈F2〉로 바로가기 아이콘의 이름을 바꿀 수 있다.

38 K기업 총무부에서 근무하는 S사원은 워드프로세서 프로그램을 사용해 결재 문서를 작성해야 하는데 결재란을 페이지마다 넣고 싶어 했다. 다음 중 S사원이 사용해야 하는 워드프로세서 기능은 무엇인가?

① 스타일

② 쪽 번호

③ 미주

④ 머리말

⑤ 글자 겹치기

39 K기업은 출근 시스템 단말기에 직원들이 카드로 출근 체크를 하면 엑셀 워크시트에 실제 출근시간 데이터가 자동으로 전송되어 B열에 입력된다. 총무부에서 근무하는 귀하가 데이터에 따라 직원들의 근태상황을 체크하려고 할 때, [C8] 셀에 입력할 함수는?(단, 9시까지는 '출근'으로 인정한다)

	A	B	C	D
1			날짜	2025.03.04
2		〈직원별 출근 현황〉		
3	이름	체크시간	근태상황	비고
4	이청용	7:55		
5	이하이	8:15		
6	구자철	8:38		
7	박지민	8:59		
8	손흥민	9:00		
9	박지성	9:01		
10	홍정호	9:07		

① =IF(B8>=TIME(9,1,0),"출근","지각")

② =IF(B8>=TIME(9,1,0),"지각","출근")

③ =IF(HOUR(B8)>=9,"지각","출근")

④ =IF(HOUR(B8)>=9,"출근","지각")

⑤ =IF(B8>=TIME(9,0,0),"지각","출근")

40 다음 중 Windows에 설치된 프린터의 [인쇄 관리자] 창에서 할 수 있는 작업으로 적절하지 않은 것은?

① 인쇄 중인 문서도 강제로 종료시킬 수 있다.

② 인쇄 중인 문서를 일시 중지하고 다른 프린터로 출력하도록 할 수 있다.

③ 현재 사용 중인 프린터를 기본 프린터로 설정할 수 있다.

④ 현재 사용 중인 프린터를 공유하도록 설정할 수 있다.

⑤ 현재 사용 중인 프린터의 기본 설정을 변경할 수 있다.

제빵용 베이킹 소다 생산업체인 K기업의 신사업TF(태스크포스)팀장인 염팀장은 진출 분야에 대해 고심하던 중 혼자보다는 팀 구성원들과 힘을 합쳐 생각하는 게 낫다고 판단을 내려 탐색을 위한 집단의사결정을 진행하기로 했다.

염팀장 : 오늘 회의는 우리 회사가 새로 진출할 사업 분야 아이디어를 자유롭게 이야기하는 자리입니다. 서로 눈치 보지 말고 어떤 제약도 없이 자신의 의견을 다양하게 개진하면 됩니다.

김대리 : 제가 생각했던 아이디어가 있어서 먼저 이야기해 보겠습니다. 인터넷 등 외부 자료들을 검색하다 보니 우리 회사와 유사한 형태의 외국 기업이 있었는데요. 그 회사도 매출 급감으로 인해 신사업 분야를 고심하던 중 베이킹 소다를 활용한 냉장고 탈취제 시장에 진출했다고 합니다. 지금도 경쟁 상품은 많지만 소비자들이 환경보호에 관심이 많은 요즘 괜찮은 시장이 될 것 같다는 생각이 듭니다. 또 소비자들이 먹는 것을 보관하는 곳이다 보니 화학제품으로 만든 탈취제보다 먹을 수 있는 소다로 만든 탈취제를 더 선호하지 않을까요?

박사원 : 저도 김대리님과 유사한 내용을 자료에서 봤는데요. 폭을 좀 더 넓혀서 탈취제뿐만 아니라 세정제 시장으로 확장을 해도 충분히 시장성이 있을 것이라고 생각됩니다. 저도 집에서 우리 회사 베이킹 소다로 주방이랑 화장실 청소를 해 봤는데 효과가 괜찮았습니다. 그 쪽으로 좀 더 신제품을 출시하면 어떨까요?

염팀장 : 좋은 생각이네요. 안 그래도 우리 TF팀이 구성된 이유가 우리 제품의 시장이 점점 줄어들기 때문인데 신사업으로 돌파구가 될 수 있을 거라는 생각이 듭니다.

최과장 : 저는 좀 반대입니다. 다들 너무 희망적인 면만 보시는 것 같은데요. 우리나라 생활용품 시장은 이미 포화상태입니다. 안 그래도 경쟁사들이 다들 할인 판매를 하느라 팔아도 수익이 날지 말지 고심하고 있는데, 그 시장에 뛰어들자고요? 좀 새로운 아이디어가 필요하지 않을까요?

김대리 : 팀장님이 아이디어를 다양하고 자유롭게 이야기하자고 해서 말씀드린 건데, 그럼 최과장님은 어떤 생각이신가요?

염팀장 : 자자, 최과장과 김대리 둘 다 그만하고 서로 의견을 존중하며 새로운 아이디어를 좀 더 들어봅시다.

41 다음 중 회의에서 염팀장이 집단의사결정 시 활용한 방법과 그 설명이 바르게 짝지어진 것은?

① 델파이 기법 : 전문가의 경험적 지식을 통한 문제해결 및 미래 예측을 위한 기법이다.

② 팀빌딩 기법 : 팀원들의 작업 및 커뮤니케이션 능력, 문제해결 능력을 향상시켜 조직의 효율을 높이려는 조직개발 기법이다.

③ 브레인스토밍 : 창의적인 아이디어를 생산하기 위한 학습 도구이자 회의 기법이다.

④ 스토리텔링 : 상대방에게 알리고자 하는 바를 재미있고 생생한 이야기로 설득력 있게 전달하는 기법이다.

⑤ 예측시장 기법 : 의사결정에 필요한 어떤 미래 사건의 결과를 계약화하여 시장 메커니즘에 의해 거래하게 한 후, 그 가격으로 탄력적이고 확률적으로 미래를 예측하는 기법이다.

42 최과장은 염팀장이 진행하는 집단의사결정의 규칙에 어긋난 행동을 하고 있다. 다음 중 어떤 부분을 어기고 있는가?

① 모든 아이디어가 제안되고 나면 이를 결합하고 해결책을 마련한다.

② 다른 사람이 아이디어를 제시할 때 비판하지 않는다.

③ 문제에 대한 제안은 자유롭게 이루어질 수 있다.

④ 아이디어는 많이 나올수록 좋다.

⑤ 특이한 아이디어를 환영한다.

43 다음 중 K기업이 회의에서 활용한 집단의사결정의 긍정적인 면으로 적절하지 않은 것은?

① 한 사람이 가진 지식보다 집단이 가지고 있는 지식과 정보가 더 많아 효과적인 결정을 할 수 있다.

② 각자 다른 시각으로 문제를 바라봄에 따라 다양한 견해를 가지고 접근할 수 있다.

③ 결정된 사항에 대하여 의사결정에 참여한 사람들이 해결책을 수월하게 수용할 수 있다.

④ 의견이 불일치하는 경우에도 짧은 시간 내 의사결정을 내릴 수 있다.

⑤ 집단구성원들의 의사소통 기회가 향상될 수 있다.

44 맥킨지의 3S 기법 중 Situation에 해당하는 발언은?

① 죄송하지만 저도 현재 업무가 많아 그 부탁은 들어드리기 힘들 것 같습니다.

② 그 일을 도와드릴 수 있는 다른 사람을 추천해드리겠습니다.

③ 힘드시지 않으세요? 저도 겪어봐서 그 마음 잘 알고 있습니다.

④ 다음 달에는 가능할 것 같은데 괜찮으신가요?

⑤ 제 능력 밖의 일이라…. 도와드리지 못해서 죄송합니다.

※ 다음 자료를 보고 이어지는 질문에 답하시오. [45~46]

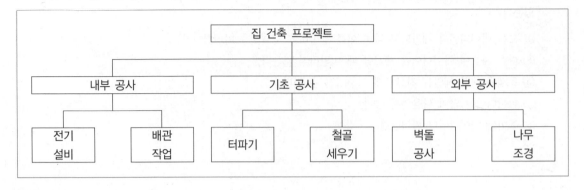

45 다음 중 자료에 나타난 업무 효율화 도구는 무엇인가?

① WBS   ② 간트 차트
③ 책임분석표   ④ SWOT 분석표
⑤ 워크 플로 시트

46 다음 중 자료에서 설명하는 업무 효율화 도구의 특징으로 적절하지 않은 것은?

① 사용자와 개발자 간의 의사소통 도구로 사용할 수 있다.
② 프로젝트 업무 내역을 가시화할 수 있어 관리가 용이하다.
③ 프로젝트 팀원의 책임과 역할이 분명하지 않다.
④ 필요 인력과 일정 계획을 세우는 데 기초로 활용할 수 있다.
⑤ 성과 측정 및 조정 시 기준선으로 활용할 수 있다.

47 K기업에서 근무하는 강과장은 '한여름 밤의 음악회'와 관련하여 유대리에게 다음과 같이 부탁하였다. 유대리가 가장 먼저 처리해야 할 일로 가장 적절한 것은?

> 유대리님, 퇴근하기 전에 음악회 장소를 다시 점검하러 가보셔야 할 것 같아요. 저번에 김부장님께서 오른쪽 조명이 깜빡인다고 말씀하시더라고요. △△조명은 11시부터 영업을 시작하고, 음악회 주최 위원들은 점심시간에 오신다고 하니 함께 점심 드시고 오후에 연락하여 점검을 같이 나가자고 연락드려 주세요. 아, 그리고 제가 지금 외근을 나가야 하는데, 오늘 몇 시에 들어올 수 있을지 모르겠어요. 일단 점심식사 후 음악회 주최 위원들께 음악회 일정표를 전달해 주세요. 그리고 조명 점검하시고, 꼭 김부장님께 상황 보고해 주세요.

① 한여름 밤의 음악회 장소 점검   ② △△조명에 조명 점검 협조 연락
③ 음악회 주최 의원들과 점심   ④ 음악회 주최 의원들에게 일정표 전달
⑤ 김부장에게 상황 보고

※ 다음 글을 읽고 이어지는 질문에 답하시오. [48~50]

> 지난 20년 동안 해외에서 커피머신을 수입하여 국내에 유통하는 사업을 운영하고 있는 K기업은 대표이사를 중심으로 기획팀, 인사팀, 재무팀, 영업팀, AS팀, CS팀으로 나누어져 구성원들의 업무가 분장되어 팀별 업무수행 영역이 나뉘어져 있었다. 의사결정은 위계에 따른 수직적 구조로 이루어지고 있었고, 모든 최종 의사결정은 대표이사에 의해 이루어졌다.
> 최근 국내외 시장의 변화의 폭이 크고 기존 사업만으로는 한계섬이 나타나 인사 컨설팅 이후 대표이사는 조직 구조를 개편하기로 결정을 내렸다. 기존 조직 구조에서 벗어나 유연성과 탄력성을 가진 조직을 만들고자 하는 것이다.

48 다음 중 K기업의 기존 조직 구조의 특징으로 볼 수 없는 것은?

① 구성원들의 업무가 분명하게 정해져 있다.

② 엄격한 위계질서가 존재한다.

③ 상하 간 의사소통이 공식적인 경로에 의해 이루어진다.

④ 의사결정권이 위임되어 있어 팀별 자율성이 보장된다.

⑤ 많은 규칙과 규제들이 있다.

49 다음 중 K기업이 앞으로 개편하고자 하는 조직 구조의 필요 요소로 보기 어려운 것은?

① 의사결정권한의 위임　　　　② 비공식적인 상호 의사소통

③ 업무의 공유　　　　　　　④ 규제나 통제 수준 상향

⑤ 변화의 용이성

50 다음 중 K기업이 향후 조직 개편에 반영해야 할 사항으로 가장 적절한 것은?

① 업무의 내용이 유사하고 관련성이 있는 것들을 결합한 조직 구조의 형태를 만들어야 한다.

② 고객과 환경 변화에 신속하게 대응하고 분권화된 의사결정이 가능한 사업별 조직 구조를 만들어야 한다.

③ CEO를 최상층에 두고 조직 구성원들을 단계적으로 배열하는 구조를 만들어야 한다.

④ 환경의 안정성을 기반에 두어야 한다.

⑤ 일상적인 기술, 조직의 내부 효율성을 중요시하는 조직 구조를 구축해야 한다.

합격의공식
시대
에듀
www.sdedu.co.kr

4일 차
기출응용 모의고사

〈문항 및 시험시간〉

구분	평가영역	문항 수	시험시간	모바일 OMR 답안채점/성적분석 서비스
신용보증기금	의사소통＋수리＋문제해결	20문항	25분	
기술보증기금	의사소통＋수리＋문제해결 ＋정보＋조직이해	50문항	60분	

※ 2024년 하반기 신용보증기금 필기전형에서는 1교시(80분)에 NCS(20문항)와 직무전공(48문항)을 통합하여 실시하였음을 알려드립니다.

4일 차 기출응용 모의고사

※ 1번부터 20번까지는 신용보증기금과 기술보증기금의 필기전형 공통영역으로 구성하였습니다.
 신용보증기금 응시생은 1번부터 20번까지, 기술보증기금 응시생은 1번부터 50번까지 학습하시기 바랍니다.

01 다음 기사에 나타난 직장생활에서의 원만한 의사소통을 저해하는 요인으로 가장 적절한 것은?

> 한 취업 포털에서 20 ~ 30대 남녀 직장인 350명에게 설문조사한 결과 어떤 상사와 대화할 때 가장 답답함을 느끼는지 질문에 직장 내에서 막내에 해당하는 사원급 직장인들은 '주야장천(晝夜長川) 자기 할 말만 하는 상사(27.3%)'와 대화하기 가장 어렵다고 호소했다. 또 직장 내에서 부하 직원과 상사 간, 그리고 직원들 간에 대화가 잘 이뤄지지 않는 이유에 대해 '일방적으로 상사만 말을 하는 대화 방식 및 문화(34.3%)'가 가장 큰 원인이라고 답했다.
> 직장 내 상사와 부하 직원 사이의 대화가 원활히 이루어지려면 지시나 명령하는 말투가 아닌 의견을 묻는 대화법 사용하기(34.9%), 서로를 존대하는 말투와 호칭 사용하기(31.4%) 등의 기본 대화 예절을 지켜야 한다고 답했다.

① 과거의 경험
② 잠재적 의도
③ 선입견과 고정관념
④ 미숙한 의사소통 기법
⑤ 평가적이며 판단적인 태도

02 다음 빈칸에 들어갈 적절한 말을 순서대로 바르게 나열한 것은?

> • 고구마는 _____ 찐다.
> • 소금에 _____ 생선을 굽는다.
> • 닭고기는 양념이 충분히 _____ 둔다.

① 껍질째 – 저린 – 배어들게
② 껍질째 – 절인 – 배어들게
③ 껍질채 – 저린 – 베어들게
④ 껍질채 – 절인 – 베어들게
⑤ 껍질채 – 저린 – 배어들게

03 다음 글과 가장 관련 있는 사자성어는?

> 사우디아라비아와 러시아는 지정학적 문제 등에서 정반대의 입장을 취하고 있음에도 불구하고 에너지 분야에서는 지난 18개월 동안 같은 목소리를 내고 있다. 세계 전체 산유량의 약 5분의 1을 담당하는 양국이 이처럼 손을 맞잡은 것은 수년 전만 해도 전혀 예상할 수 없는 일이었다. 그 계기는 사우디아라비아의 전통적 우방국인 미국이 제공했다.
> 미국이 본격적으로 셰일 석유를 생산하면서 유가가 떨어지자 산유국들은 당혹했고 협력을 모색하기 시작했다. 특히 1위와 2위의 산유국인 러시아와 사우디아라비아가 석유의 생산량과 재고를 줄이기 위한 노력을 선도했다. 내년에 미국의 산유량은 사상 최고치에 도달하여 2위인 사우디아라비아를 추월하고 1위인 러시아에 필적할 것으로 예상된다. 사우디아라비아는 이에 맞서기 위해 러시아를 끌어들임으로써 글로벌 석유 시장의 옛 질서를 되찾는 데 활용하고 있다.
> 그러나 일부 전문가들은 사우디아라비아와 러시아의 전략적 이해가 상이한 만큼 에너지 동맹이 견고하다고 보지 않는다. 무엇보다도 러시아가 중동 전체에 대한 영향력 확대를 모색하고 있기 때문이다. 러시아는 시리아 내전에서 아사드 대통령의 정권을 지원하고 있어 사우디아라비아와는 반대편에 서 있고, 사우디아라비아의 앙숙인 이란과도 에너지·금융 협정을 맺고 있다.

① 실사구시(實事求是)
② 천재일우(千載一遇)
③ 비분강개(悲憤慷慨)
④ 수어지교(水魚之交)
⑤ 오월동주(吳越同舟)

04 다음 중 밑줄 친 단어의 맞춤법이 바르게 쓰인 것을 모두 고르면?

> 오늘은 <u>웬지</u> 아침부터 기분이 좋지 않았다. 회사에 가기 싫은 마음을 다독이며 출근 준비를 하였다. 회사에 겨우 도착하여 업무용 컴퓨터를 켰지만, 모니터 화면에는 아무것도 보이지 않았다. 심각한 바이러스에 감염된 컴퓨터를 힘들게 복구했지만, <u>며칠</u> 동안 힘들게 작성했던 문서가 <u>훼손</u>되었다. 당장 오늘까지 제출해야 하는 문서인데, 이 문제를 <u>어떡게</u> 해결해야 할지 걱정이 된다. 문서를 다시 <u>작성하든지</u>, 팀장님께 사정을 <u>말씀드리던지</u> 해결책을 찾아야만 한다. 현재 나의 간절한 <u>바램</u>은 이 문제가 무사히 해결되는 것이다.

① 웬지, 며칠, 훼손
② 며칠, 어떡게, 바램
③ 며칠, 훼손, 작성하든지
④ 며칠, 말씀드리던지, 바램
⑤ 어떡게, 말씀드리던지, 바램

05 다음 글에서 나타난 논리적 오류로 가장 적절한 것은?

> 머리카락이 1개 빠진다고 대머리가 아니다. 또한 10개가 빠진다고 대머리가 아니다. 마찬가지로 100개 빠진다고 대머리가 아니다. 따라서 머리카락이 10,000개 빠진다고 해서 대머리가 아니다.

① 분할의 오류
② 결합의 오류
③ 우연의 오류
④ 허수아비의 오류
⑤ 원천 봉쇄의 오류

06 다음 문단을 논리적 순서대로 바르게 나열한 것은?

> (가) 보통 라면은 일본에서 유래된 것으로 알려져 있다. 그러나 우리가 좋아하는 라면과 일본의 라멘은 다르다. 일본의 라멘은 하나의 '요리'로서 위치하고 있으며, 처음에 인스턴트 라면이 발명된 것은 라멘을 휴대하고 다니면서 어떻게 하면 쉽게 먹을 수 있을까 하는 발상에서 기인한다. 그러나 한국의 라면은 그렇지 않다.
> (나) 일본의 라멘이 고기 육수를 통한 맛을 추구한다면, 한국의 인스턴트 라면에서 가장 중요한 특징은 '매운맛'이다. 한국의 라면은 매운맛을 좋아하는 한국 소비자의 입맛에 맞춰 변화되었다.
> (다) 이렇게 한국의 라면이 일본의 라멘과 전혀 다른 모습을 보이면서 라멘과 라면은 독자적인 영역을 만들어내기 시작했고, 해외에서도 한국의 라면은 일본의 라멘과 달리 나름대로 마니아층을 만들어내고 있다.
> (라) 한국의 라면은 요리라기보다는 일종의 간식으로서 취급되며, '일본 라멘의 간소화'로 인스턴트 라면과는 그 맛도 다르다. 이는 일본의 라멘이 어떠한 맛을 추구하고 있는지에 대해서 생각해보면 알 수 있다.

① (가) - (다) - (나) - (라)
② (가) - (라) - (나) - (다)
③ (가) - (라) - (다) - (나)
④ (라) - (가) - (나) - (다)
⑤ (라) - (가) - (다) - (나)

07 다음 글의 제목으로 가장 적절한 것은?

물은 너무 넘쳐도, 부족해도 문제이다. 무엇보다 물의 충분한 양을 안전하게 저장하면서 효율적으로 관리하는 것이 중요하다. 하지만 예기치 못한 자연재해가 불러오는 또 다른 물의 재해가 우리를 위협한다. 지진의 여파로 쓰나미(지진해일)가 몰려오고 댐이 붕괴되면서 상상도 못한 피해를 불러올 수 있다. 이는 역사 속에서 실제로 반복되어 온 일이다.

1755년 11월 1일 아침, 15 ~ 16세기 대항해 시대를 거치며 해양 강국으로 자리매김한 포르투갈의 수도 리스본에 대지진이 발생했다. 도시 건물 중 85%가 파괴될 정도로 강력한 지진이었다. 하지만 지진은 재해의 전주곡에 불과했다.

지진이 덮치고 약 40분 후 쓰나미가 항구와 도심지로 쇄도했다. 해일은 리스본뿐 아니라 인근 알가르브 지역의 해안 요새 중 일부를 박살냈고, 숱한 가옥을 무너뜨렸다. 이로 인해 6만 ~ 9만 명이 귀한 목숨을 잃었다. 이 대지진과 이후의 쓰나미는 포르투갈 문명의 역사를 바꿔버렸다. 포르투갈은 이후 강대국 대열에서 밀려나 옛 영화를 찾지 못한 채 지금에 이르고 있다.

또한 1985년 7월 19일 지진에 의해 이탈리아의 스타바댐이 붕괴하면서 그 여파로 발생한 약 20만 톤의 진흙과 모래, 물이 테세로 마을을 덮쳐 268명이 사망하고 63개의 건물과 8개의 다리가 파괴되는 사고가 일어났다.

① 우리나라는 '물 스트레스 국가'
② 도를 지나치는 '물 부족'
③ 강력한 물의 재해 '지진'
④ 누구도 피해갈 수 없는 '자연재해'
⑤ 자연의 경고 '댐 붕괴'

08 철수는 영희에게 꽃 선물을 하기 위해 꽃을 키우고 있다. 꽃이 피기 시작한 날부터 매일 핀 꽃의 개수가 다음 표와 같을 때, 열흘째 되는 날 철수가 영희에게 줄 수 있는 꽃은 총 몇 송이인가?

〈날짜별 핀 꽃송이 수〉

날짜	1일	2일	3일	4일	5일
개수	1송이	2송이	3송이	5송이	8송이

① 159송이
② 197송이
③ 231송이
④ 250송이
⑤ 315송이

09 지혜와 주헌이가 함께 기숙사에서 나와 회사를 향해 분당 150m의 속력으로 출근하고 있다. 30분 정도 걸었을 때, 지혜는 집에 두고 온 중요한 서류를 가지러 분당 300m의 속력으로 집에 갔다가 같은 속력으로 다시 회사를 향해 뛰어간다고 한다. 주헌이는 그 속력 그대로 20분 뒤에 회사에 도착했을 때, 지혜는 주헌이가 회사에 도착하고 나서 몇 분 후에 회사에 도착하는가?

① 20분
② 25분
③ 30분
④ 35분
⑤ 40분

10 다음은 1g당 80원인 A회사 우유와 1g당 50원인 B회사 우유를 각각 100g씩 섭취했을 때 얻을 수 있는 열량과 단백질의 양을 나타낸 표이다. 두 우유 A, B를 합하여 300g, 열량 490kcal 이상과 단백질 29g 이상을 얻으면서 가장 저렴하게 구입하였을 때, 구입한 가격은?

〈A회사, B회사 우유의 100g당 열량과 단백질의 양〉

구분	열량(kcal)	단백질(g)
A회사 우유	150	12
B회사 우유	200	5

① 20,000원   ② 21,000원

③ 22,000원   ④ 23,000원

⑤ 24,000원

11 영희를 포함한 4명의 친구들은 점심을 먹으러 식당에 도착하였다. 식당에는 총 11개의 메뉴가 있었고, 영희와 친구들은 자신이 선호하는 메뉴 리스트를 작성하였다. 식당의 메뉴와 선호하는 메뉴의 리스트가 아래와 같으며, 선호하는 메뉴 리스트에서 음식을 주문한다고 할 때, 영희와 친구들이 각자 다른 메뉴를 고르는 경우의 수는 모두 몇 가지인가?

〈식당의 메뉴〉

김치볶음밥	우동	라면	돈가스
오므라이스	된장찌개	김치찌개	순두부찌개
제육덮밥	돈가스덮밥	카레	–

〈선호 메뉴 리스트〉

- 영희 : 돈가스, 된장찌개, 순두부찌개
- A : 라면, 돈가스덮밥, 오므라이스
- B : 김치볶음밥, 제육덮밥, 카레
- C : 돈가스, 우동, 김치찌개, 제육덮밥

① 42가지   ② 56가지

③ 68가지   ④ 84가지

⑤ 90가지

12 다음 자료에 대한 설명으로 옳지 않은 것은?

〈컴퓨터 판매량 및 모니터 판매 비율〉

(단위 : 천 대, %)

구분	2019년	2020년	2021년	2022년	2023년	2024년
컴퓨터 판매량	498	548	563	598	596	648
모니터 판매 비율	14	18	20	24	26	29

① 2019년 대비 2023년 컴퓨터 판매량은 100천 대 이상 증가하지는 않았다.

② 2022년 모니터 판매량은 130천 대이다.

③ 컴퓨터 판매량은 꾸준히 증가하다 2023년에 잠시 주춤했으나, 이후 다시 증가했다.

④ 2024년 모니터 판매량은 2019년 모니터 판매량의 약 2.7배이다.

⑤ 모니터 판매 비율은 매년 증가하고 있다.

13 중소기업의 생산관리팀에서 근무하고 있는 귀하는 총 생산 비용의 감소율을 30%로 설정하려고 한다. 1단위 생산 시 단계별 부품 단가가 다음과 같을 때, ⓐ+ⓑ의 값으로 옳은 것은?

단계	부품 1단위 생산 시 투입 비용(원)	
	개선 전	개선 후
1단계	4,000	3,000
2단계	6,000	ⓐ
3단계	11,500	ⓑ
4단계	8,500	7,000
5단계	10,000	8,000

① 4,000원

② 6,000원

③ 8,000원

④ 10,000원

⑤ 12,000원

14 서울에 사는 L씨는 휴일에 가족들과 경기도 맛집에 가기 위해 오후 3시에 집 앞으로 중형 콜택시를 불렀다. 집에서 맛집까지의 거리는 12.56km이며, 집에서 맛집으로 출발하여 4.64km를 이동하면 경기도에 진입한다. 맛집에 도착할 때까지 신호로 인해 택시가 멈췄던 시간은 8분이며, 택시의 속력은 이동 시 항상 60km/h 이상이었다. 다음 자료를 참고할 때, L씨가 지불하게 될 택시요금은 얼마인가?(단, 콜택시의 예약비용은 없으며, 신호로 인한 멈춘 시간은 모두 경기도 진입 후이다)

〈서울시 택시요금 계산표〉

구분			신고요금
중형 택시	주간	기본요금	2km까지 3,800원
		거리요금	100원당 132m
		시간요금	100원당 30초
	심야	기본요금	2km까지 4,600원
		거리요금	120원당 132m
		시간요금	120원당 30초
	공통사항		– 시간·거리 부분 동시 병산(15.33km/h 미만 시) – 시계외 할증 20% – 심야(00:00~04:00) 할증 20% – 심야·시계외 중복 할증 40%

※ '시간요금'은 속력이 15.33km/h 미만이거나 멈춰 있을 때 적용됨
※ 서울시에서 다른 지역으로 진입 후 시계외 할증(심야 거리 및 시간요금)이 적용됨

① 13,800원
② 14,000원
③ 14,220원
④ 14,500원
⑤ 14,920원

15 K기업에 근무하는 김대리는 X부품을 공급할 외주업체 한 곳을 선정하고자 한다. X부품 공급업체 선정 기준과 입찰에 참여한 기업의 정보가 다음과 같을 때, X부품 공급업체로 선정될 기업은?

〈X부품 공급업체 선정 기준〉

- 입찰에 참여한 업체의 가격 점수, 품질 점수, 생산속도 점수를 2 : 3 : 1의 가중치로 합산하여 최종 점수를 도출한 후, 점수가 가장 높은 업체를 선정한다.
- 각 입찰 업체의 가격 점수, 품질 점수, 생산속도 점수는 다음 등급 혹은 구간에 따라 점수로 환산하여 반영한다.
- 가격 점수(점)

A	B	C
30	20	15

- 품질 점수(점)

우수	양호	보통	미흡
30	27	25	18

- 생산속도 점수(점)

안정	보통	불안정
30	20	10

〈입찰에 참여한 업체 정보〉

업체	가격 평가등급	품질 평가등급	생산속도 평가등급
가업체	A	양호	불안정
나업체	B	우수	안정
다업체	C	보통	보통
라업체	B	미흡	안정
마업체	C	우수	보통

① 가업체　　　　　　　　　② 나업체
③ 다업체　　　　　　　　　④ 라업체
⑤ 마업체

16 다음의 교통수단별 특징을 고려할 때, 오전 9시에 회사에서 출발해 전주역까지 가장 먼저 도착하는 교통수단은?(단, 자료에 제시된 시간 이외는 고려하지 않는다)

〈회사 → 서울역 간 교통편〉

구분	소요시간	출발시간
A버스	24분	매시 20분, 40분
B버스	40분	매시 정각, 20분, 40분
지하철	20분	매시 30분

〈서울역 → 전주역 간 교통편〉

구분	소요시간	출발시간
새마을호	3시간	매시 정각부터 5분 간격
KTX	1시간 32분	9시 정각부터 45분 간격

① A버스 – 새마을호   ② B버스 – KTX
③ B버스 – 새마을호   ④ 지하철 – KTX
⑤ 지하철 – 새마을호

17 K시에서는 임신한 주민에게 출산장려금을 지원하고자 한다. 출산장려금 지급 기준 및 K시에 거주하는 임산부에 대한 정보가 다음과 같을 때, 출산장려금을 가장 먼저 받을 수 있는 사람은?

〈K시 출산장려금 지급 기준〉

- 출산장려금 지급액은 모두 같으나, 지급 시기는 모두 다르다.
- 지급 순서 기준은 임신일, 자녀 수, 소득 수준 순서이다.
- 임신일이 길수록, 자녀가 많을수록, 소득 수준이 낮을수록 먼저 받는다(단, 자녀는 만 19세 미만의 아동 및 청소년으로 제한한다).
- 임신일, 자녀 수, 소득 수준이 모두 같으면 같은 날에 지급한다.

〈K시 거주 임산부 정보〉

임산부	임신일	자녀	소득 수준
A	150일	만 1세	하
B	200일	만 3세	상
C	100일	만 10세, 만 6세, 만 5세, 만 4세	상
D	200일	만 7세, 만 5세, 만 3세	중
E	200일	만 20세, 만 16세, 만 14세, 만 10세	상

① A임산부   ② B임산부
③ C임산부   ④ D임산부
⑤ E임산부

※ 다음은 브레인스토밍의 진행 절차에 대한 자료이다. 이어지는 질문에 답하시오. [18~19]

---

1. 사전 준비

- 전체 인원을 4 ~ 7명 정도의 소집단으로 구성한다.
- 토의한 날짜와 참가한 사람의 이름을 적는다.
- ⓐ 소집단별로 가능한 일대일로 마주볼 수 있도록 하고, 느긋한 자세로 긴장을 풀게 한다.
- 소집단별 브레인스토밍 기록지와 필기 도구를 나누어 준다.
- 소집단의 리더를 선정하여 브레인스토밍을 진행하도록 한다.
- 리더를 중심으로 참여자들이 궁금해 하거나 의문을 가지는 내용, 지켜야 할 규칙, 문제 상황들을 주제로 선정하도록 한다.
- 선정된 주제를 가지고 참가자 모두 의견을 낼 수 있고, 기록자는 어떤 의견이라도 비판하지 말고 기록해야 한다.

2. 본 활동

- 토의를 시작하고 진행한다.
- 리더는 누군가가 아이디어를 비난하거나 비웃을 때는 경고한다.
- 리더는 10 ~ 15분 정도 되었을 때, '아이디어 고갈 상태'에 이르면 그때까지 나온 내용을 한번 정리해 준다.
- 각 소집단에서 토의한 내용은 모두 모인 자리에서 읽고, 추가하려는 내용이나 의문점은 더 발표하게 한다.
- 아이디어를 내는 데 리더의 참여는 확산적 사고를 할 수 있는 모델이 되며, 참여자들이 브레인스토밍 과정을 더욱 즐겁게 할 수 있게 한다.
- 시간이 종료돼 아이디어가 더 이상 나오지 않으면 참여자들의 협조에 감사를 표하고 브레인스토밍을 종료한다.

3. 사후 활동

- 평가의 시간을 갖는다.
- 잠시 후에 나온 아이디어의 의견을 들으면서 종류별로 구분을 하는 것이 좋다.
- 최종 선택된 아이디어는 실행하기 위한 계획을 세우고 아이디어를 발전시키고 이행하도록 한다.

---

18 다음 중 위 절차를 토대로 브레인스토밍을 진행하면서 잘못된 행동을 한 사람은?

① 다른 사람이 의견을 냈을 때 비난하지 않고 경청하는 참가자
② 진행만 하고 아이디어를 내지 않는 리더
③ 최종적으로 선택된 아이디어가 자신이 낸 아이디어가 아니어도 받아들이는 참가자
④ 모든 것을 기록하는 기록자
⑤ 사전에 주제를 잘 분석하고 다양한 아이디어를 산출할 수 있게 하는 방법들을 연구하는 리더

19 다음 중 위 절차에서 밑줄 친 ⓐ를 수정한 내용으로 가장 적절한 것은?

① 소집단별로 가능한 일렬로 앉아 앞사람의 뒤통수를 바라볼 수 있도록 하고
② 소집단별로 가능한 둥글게 앉아 모든 참여자를 서로 바라볼 수 있도록 하고
③ 소집단별로 가능한 서로를 등지게 앉아 눈을 마주치지 않도록 하고
④ 소집단별로 가능한 옆으로 나란히 앉아 양옆의 사람들끼리만 대화하고
⑤ 소집단별로 가능한 독립적으로 서로의 의견 청취 없이 본인의 의견만 제시하도록 환경을 조성하고

20 K기업은 6층 건물의 모든 층을 사용하고 있으며, 건물에는 기획부, 인사교육부, 서비스개선부, 연구·개발부, 해외사업부, 디자인부가 층별로 위치하고 있다. 다음 〈조건〉을 참고할 때 항상 옳은 것은?(단, 6개의 부서는 서로 다른 층에 위치하며, 3층 이하에 위치한 부서의 직원은 출근 시 반드시 계단을 이용해야 한다)

조건
- 기획부의 문대리는 해외사업부의 이주임보다 높은 층에 근무한다.
- 인사교육부는 서비스개선부와 해외사업부 사이에 위치한다.
- 디자인부의 김대리는 오늘 아침 엘리베이터에서 서비스개선부의 조대리를 만났다.
- 6개의 부서 중 건물의 옥상과 가장 가까이에 위치한 부서는 연구·개발부이다.
- 연구·개발부의 오사원이 인사교육부 박차장에게 휴가 신청서를 제출하기 위해서는 4개의 층을 내려와야 한다.
- 건물 1층에는 회사에서 운영하는 커피숍이 함께 있다.

① 출근 시 엘리베이터를 탄 디자인부의 김대리는 5층에서 내린다.
② 디자인부의 김대리가 서비스개선부의 조대리보다 먼저 엘리베이터에서 내린다.
③ 인사교육부와 커피숍은 같은 층에 위치한다.
④ 기획부의 문대리는 출근 시 반드시 계단을 이용해야 한다.
⑤ 인사교육부의 박차장은 출근 시 연구·개발부의 오사원을 계단에서 만날 수 없다.

21 다음 글의 서술상 특징으로 가장 적절한 것은?

고객은 제품의 품질에 대해 나름의 욕구를 가지고 있다. 카노는 품질에 대한 고객의 욕구와 만족도를 설명하는 모형을 개발하였다. 카노는 일반적으로 고객이 세 가지 욕구를 가지고 있다고 하였다. 그는 그것을 각각 기본적 욕구, 정상적 욕구, 감동적 욕구라고 지칭했다.

기본적 욕구는 고객이 가지고 있는 가장 낮은 단계의 욕구로, 그들이 구매하는 제품이나 서비스에 당연히 포함되어 있을 것으로 기대되는 특성들이다. 만약 이런 특성들이 제품이나 서비스에 결여되어 있다면, 고객은 예외 없이 크게 불만족스러워 한다. 그러나 기본적 욕구가 충족되었다고 해서 고객이 만족감을 느끼는 것은 아니다. 정상적 욕구는 고객이 직접 요구하는 욕구로, 이 욕구가 충족되지 못하면 고객은 불만족스러워 한다. 그러나 이 욕구가 충족되면 될수록 고객은 만족을 더 많이 느끼게 된다. 감동적 욕구는 고객이 지니고 있는 가장 높은 단계의 욕구로, 고객이 기대하지는 않는 욕구이다. 감동적 욕구가 충족되면 고객은 큰 감동을 느끼지만, 충족되지 않아도 상관없다고 생각한다. 카노는 이러한 고객의 욕구를 확인하기 위해 설문지 조사법을 제안하였다.

세 가지 욕구와 관련하여 고객이 식당에 가는 상황을 생각해 보자. 의자와 식탁이 당연히 깨끗해야 한다고 생각하는 고객은 의자와 식탁이 깨끗하다고 해서 만족감을 느끼지는 않는다. 그러나 그렇지 않으면 그 고객은 크게 불만족스러워 한다. 한편, 식탁의 크기가 적당해야 만족감을 느끼는 고객은 식탁이 좁으면 불만족스러워 한다. 그러나 자신의 요구로 식탁의 크기가 적당해지면 고객의 만족도는 높아진다. 여기에 더해 꼭 필요하지는 않지만 식탁 위에 장미가 놓여 있으면 좋겠다고 생각하는 고객이 실제로 식탁 위에 장미가 놓여 있는 것을 보면, 단순한 만족 이상의 감동을 느낀다. 그러나 이런 것이 없다고 해서 그 고객이 불만족스러워 하지는 않는다.

제품이나 서비스에 대한 고객의 기대가 항상 고정적이지는 않다. 고객의 기대는 시간이 지남에 따라 바뀐다. 즉, 감동적 욕구를 충족시킨 제품이나 서비스의 특성은 시간이 지나면 정상적 욕구를 충족시키는 특성으로, 시간이 더 지나면 기본적 욕구만을 충족시키는 특성으로 바뀐다. 또한 고객의 욕구는 일정한 단계를 지닌다. 고객의 기본적 욕구를 충족시키지 못하는 제품은 고객의 정상적 욕구를 절대로 충족시킬 수 없다. 마찬가지로 고객의 정상적 욕구를 충족시키지 못하는 제품은 고객의 감동적 욕구를 충족시킬 수 없다.

① 구체적인 사례를 들어 독자의 이해를 돕고 있다.
② 대상의 변화 과정과 그것의 문제점을 언급하고 있다.
③ 화제와 관련한 질문을 통해 독자의 관심을 환기하고 있다.
④ 개념 사이의 장단점을 비교하여 차이점을 부각하고 있다.
⑤ 이론이 등장하게 된 사회적 배경을 구체적으로 소개하고 있다.

22 다음 글의 빈칸에 들어갈 내용으로 가장 적절한 것은?

> 동물들은 홍채에 있는 근육의 수축과 이완을 통해 눈동자를 크게 혹은 작게 만들어 눈으로 들어오는 빛의 양을 조절하므로 눈동자 모양이 원형인 것이 가장 무난하다. 그런데 고양이나 늑대와 같은 육식동물은 세로로, 양이나 염소와 같은 초식동물은 가로로 눈동자 모양이 길쭉하다. 특별한 이유가 있는 것일까?
> 육상동물 중 모든 육식동물의 눈동자가 세로로 길쭉한 것은 아니다. 주로 매복형 육식동물의 눈동자가 세로로 길쭉한 편이다. 이는 숨어서 기습을 하는 사냥 방식과 밀접한 관련이 있는데, 세로로 길쭉한 눈동자가
> _____
> 일반적으로 매복형 육식동물은 양쪽 눈으로 초점을 맞춰 대상을 보는 양안시로, 각 눈으로부터 얻는 영상의 차이인 양안시차를 하나의 입체 영상으로 재구성하면서 물체와의 거리를 파악한다. 그런데 이러한 양안시차뿐만 아니라 거리 지각에 대한 정보를 주는 요소로 심도 역시 중요하다. 심도란 초점이 맞는 공간의 범위를 말하며, 눈동자의 크기에 따라 결정된다. 즉, 눈동자의 크기가 커져 빛이 많이 들어오게 되면 커지기 전보다 초점이 맞는 범위가 좁아진다. 이렇게 초점의 범위가 좁아진 경우를 '심도가 얕다.'라고 하며, 반대인 경우를 '심도가 깊다.'라고 한다.

① 사냥감의 주변 동태를 정확히 파악하는 데 효과적이기 때문이다.
② 사냥감의 움직임을 정확히 파악하는 데 효과적이기 때문이다.
③ 사냥감의 위치를 정확히 파악하는 데 효과적이기 때문이다.
④ 사냥감과의 거리를 정확히 파악하는 데 효과적이기 때문이다.
⑤ 사냥감과의 경로를 정확히 파악하는 데 효과적이기 때문이다.

23 다음 글을 읽고 유추할 수 없는 것은?

> 최근 온라인에서 '동서양 만화의 차이'라는 제목의 글이 화제가 되었다. 공개된 글에 따르면 동양 만화의 대표 격인 일본 만화는 대사보다는 등장인물의 표정, 대인 관계 등에 초점을 맞춰 이미지나 분위기 맥락에 의존한다. 또 다채로운 성격의 캐릭터들이 등장하고 사건 사이의 무수한 복선을 통해 스토리가 진행된다.
> 반면, 서양 만화를 대표하는 미국 만화는 정교한 그림체와 선악의 확실한 구분, 수많은 말풍선을 사용한 스토리 전개 등이 특징이다. 서양 사람들은 동양 특유의 느긋한 스토리와 말 없는 칸을 어색하게 느낀다. 이처럼 동서양 만화의 차이가 발생하는 이유는 동서양이 고맥락 문화와 저맥락 문화로 구분되기 때문이다. 고맥락 문화는 민족적 동질을 이루며 역사, 습관, 언어 등에서 공유하고 있는 맥락의 비율이 높다. 이는 집단주의와 획일성이 발달했다. 일본, 한국, 중국과 같은 한자 문화권에 속한 동아시아 국가가 고맥락 문화에 속한다. 반면, 저맥락 문화는 다인종 · 다민족으로 구성된 미국, 캐나다 등이 대표적이다. 저맥락 문화의 국가는 멤버 간에 공유하고 있는 맥락의 비율이 낮아 개인주의와 다양성이 발달한 문화를 가진다. 이렇듯 고맥락 문화와 저맥락 문화의 만화는 말풍선 안에 대사의 양으로 큰 차이점을 느낄 수 있다.

① 고맥락 문화의 만화는 등장인물의 표정, 대인 관계 등 이미지나 분위기 맥락에 의존하는 경향이 있다.
② 저맥락 문화는 멤버 간 공유하고 있는 맥락의 비율이 낮아서 다양성이 발달했다.
③ 동서양 만화를 접했을 때 표면적으로 느낄 수 있는 차이점은 대사의 양이다.
④ 일본 만화는 무수한 복선을 통한 스토리 진행이 특징이다.
⑤ 미국은 고맥락 문화의 대표국으로, 다양성이 발달한 문화를 갖기에 다채로운 성격의 캐릭터가 등장한다.

24 A~C 세 사람은 주기적으로 집안 청소를 한다. A는 6일마다, B는 8일마다, C는 9일마다 청소를 할 때, 세 명이 9월 10일에 모두 같이 청소를 했다면, 다음에 세 사람이 같이 청소하는 날은 언제인가?

① 11월 5일   ② 11월 12일
③ 11월 16일   ④ 11월 21일
⑤ 11월 29일

25 다음은 K지역 전체 가구를 대상으로 원자력발전소 사고 전·후 식수 조달원 변경에 대해 설문조사한 결과이다. 이에 대한 설명으로 옳은 것은?

〈원자력발전소 사고 전·후 K지역 조달원별 가구 수〉

(단위 : 가구)

사고 전 조달원 \ 사고 후 조달원	수돗물	정수	약수	생수
수돗물	40	30	20	30
정수	10	50	10	30
약수	20	10	10	40
생수	10	10	10	40

※ K지역 가구의 식수 조달원은 수돗물·정수·약수·생수로 구성되며, 각 가구는 한 종류의 식수 조달원만 이용함

① 사고 전에 식수 조달원으로 정수를 이용하는 가구 수가 가장 많다.
② 사고 전에 비해 사고 후에 이용 가구 수가 감소한 식수 조달원의 수는 3개이다.
③ 사고 전·후 식수 조달원을 변경한 가구 수는 전체 가구 수의 60% 이하이다.
④ 사고 전에 식수 조달원으로 정수를 이용하던 가구는 모두 사고 후에도 정수를 이용한다.
⑤ 각 식수 조달원 중에서 사고 전·후에 이용 가구 수의 차이가 가장 큰 것은 생수이다.

26 다음은 소비자원이 20개 품목의 권장소비자가격과 판매가격 차이를 조사한 자료이다. 이에 대한 설명으로 옳지 않은 것은?

〈권장소비자가격과 판매가격 차이〉

(단위 : 개, 원, %)

구분	조사 제품 수			권장소비자가격과의 괴리율		
	합계	정상가 판매 제품 수	할인가 판매 제품 수	권장소비자 가격	정상가 판매 시 괴리율	할인가 판매 시 괴리율
세탁기	43	21	22	640,000	23.1	25.2
유선전화기	27	11	16	147,000	22.9	34.5
와이셔츠	32	25	7	78,500	21.7	31.0
기성신사복	29	9	20	337,500	21.3	32.3
VTR	44	31	13	245,400	20.5	24.3
진공청소기	44	20	24	147,200	18.7	21.3
가스레인지	33	15	18	368,000	18.0	20.0
냉장고	41	23	18	1,080,000	17.8	22.0
무선전화기	52	20	32	181,500	17.7	31.6
청바지	33	25	8	118,400	14.8	52.0
빙과	19	13	6	2,200	14.6	15.0
에어컨	44	25	19	582,000	14.5	19.8
오디오세트	47	22	25	493,000	13.9	17.7
라면	70	50	20	1,080	12.5	17.2
골프채	27	22	5	786,000	11.1	36.9
양말	30	29	1	7,500	9.6	30.0
완구	45	25	20	59,500	9.3	18.6
정수기	17	4	13	380,000	4.3	28.6
운동복	33	25	8	212,500	4.1	44.1
기성숙녀복	32	19	13	199,500	3.0	26.2

※ [권장소비자가격과의 괴리율(%)] $= \dfrac{(권장소비자가격) - (판매가격)}{(권장소비자가격)} \times 100$

※ 정상가 : 할인판매를 하지 않는 상품의 판매가격

※ 할인가 : 할인판매를 하는 상품의 판매가격

① 정상가 판매 시 괴리율과 할인가 판매 시 괴리율의 차가 가장 큰 종목은 청바지이다.

② 할인가 판매제품 수가 정상가 판매제품 수보다 많은 품목은 8개이다.

③ 할인가 판매제품 수와 정상가 판매제품 수의 차이가 가장 크게 나는 품목은 라면이다.

④ 권장소비자가격과 정상 판매가격의 격차가 가장 큰 품목은 세탁기이고, 가장 작은 품목은 기성숙녀복이다.

⑤ 할인가 판매 시 괴리율이 40%가 넘는 품목은 2개이다.

다음은 의류 생산공장의 생산 코드 부여 방식에 대한 자료이다. 〈보기〉에 해당하지 않는 생산 코드는 무엇인가?

〈의류 생산 코드〉

• 생산 코드 부여 방식
[종류] − [색상] − [제조일] − [공장지역] − [수량] 순으로 16자리이다.
• 종류

티셔츠	스커트	청바지	원피스
OT	OH	OJ	OP

• 색상

검정색	붉은색	푸른색	노란색	흰색	회색
BK	RD	BL	YL	WH	GR

• 제조일

해당 연도	월	일
마지막 두 자리 숫자 예 2025 → 25	01 ~ 12	01 ~ 31

• 공장지역

서울	수원	전주	창원
475	869	935	753

• 수량

100벌 이상 150벌 미만	150장 이상 200벌 미만	200장 이상 250벌 미만	250장 이상	50벌 추가 생산
aaa	aab	aba	baa	ccc

〈예시〉

− 2025년 2월 16일에 수원 공장에서 검정 청바지 170벌을 생산하였다.
− 청바지 생산 코드 : OJBK − 250216 − 869aab

보기

㉠ 2021년 12월 4일에 붉은색 스커트를 창원 공장에서 120벌 생산했다.
㉡ 회색 티셔츠를 추가로 50벌을 서울 공장에서 2022년 1월 24일에 생산했다.
㉢ 생산 날짜가 2021년 7월 5일인 푸른색 원피스는 창원 공장에서 227벌 생산되었다.
㉣ 흰색 청바지를 전주 공장에서 265벌을 납품일(2022년 7월 23일) 전날에 생산했다.
㉤ 티셔츠와 스커트를 노란색으로 178벌씩 수원 공장에서 2022년 4월 30일에 생산했다.

① OPGR − 220124 − 475ccc
② OJWH − 220722 − 935baa
③ OHRD − 211204 − 753aaa
④ OHYL − 220430 − 869aab
⑤ OPBL − 210705 − 753aba

28 (가) ~ (마) 학생은 〈조건〉에 따라 영어, 수학, 국어, 체육 수업 중 두 개의 수업을 듣는다. 다음 중 (마) 학생이 듣는 수업으로 바르게 짝지어진 것은?

> **조건**
> • (가)와 (나) 학생은 영어 수업만 같이 듣는다.
> • (나) 학생은 (다), (마) 학생과 수학 수업을 함께 듣는다.
> • (다) 학생은 (라) 학생과 체육 수업을 함께 듣는다.
> • (가)는 (라), (마) 학생과 어떤 수업도 같이 듣지 않는다.

① 영어, 수학   ② 영어, 국어
③ 수학, 체육   ④ 영어, 체육
⑤ 수학, 국어

29 K기업에서는 직원들의 복리후생을 위해 이번 주말에 무료 요가 강의를 제공할 계획이다. 자원관리과에는 A사원, B사원, C주임, D대리, E대리, F과장 6명이 있다. 요가 강의에 참여할 직원들에 대한 정보가 다음 〈조건〉과 같을 때, 이번 주말에 열리는 무료 요가 강의에 참석할 자원관리과 직원들의 최대 인원은?

> **조건**
> • C주임과 D대리 중 한 명만 참석한다.
> • B사원이 참석하면 D대리는 참석하지 않는다.
> • C주임이 참석하면 A사원도 참석한다.
> • D대리가 참석하면 E대리는 참석하지 않는다.
> • E대리는 반드시 참석한다.

① 2명   ② 3명
③ 4명   ④ 5명
⑤ 6명

30 A, B 두 여행팀은 다음 정보에 따라 자신의 효용을 극대화하는 방향으로 관광지 이동을 결정한다고 한다. 이때 각 여행팀이 내릴 결정과 두 여행팀의 총효용은 얼마인가?

〈여행팀의 효용 정보〉

• A여행팀과 B여행팀이 동시에 오면 각각 10, 15의 효용을 얻는다.
• A여행팀은 왔으나, B여행팀이 안 온다면 각각 15, 10의 효용을 얻는다.
• A여행팀은 안 오고, B여행팀만 왔을 땐 각각 25, 20의 효용을 얻는다.
• A, B여행팀이 모두 오지 않았을 때는 각각 35, 15의 효용을 얻는다.

〈결정 방법〉

A, B여행팀 모두 결정할 때 효용의 총합은 신경 쓰지 않는다. 상대방이 어떤 선택을 했는지는 알 수 없고 서로 상의하지 않는다. 각 팀은 자신의 선택에 따른 다른 팀의 효용이 얼마인지는 알 수 있다. 이때 다른 팀의 선택을 예상해서 자신의 효용을 극대화하는 선택을 한다.

	A여행팀	B여행팀	총효용
①	관광지에 간다	관광지에 간다	25
②	관광지에 가지 않는다	관광지에 간다	45
③	관광지에 간다	관광지에 가지 않는다	25
④	관광지에 가지 않는다	관광지에 가지 않는다	50
⑤	관광지에 간다	관광지에 간다	50

※ 다음은 A ~ D제품의 연령별 선호도와 매장별 제품 만족도에 대한 자료이다. 이어지는 질문에 답하시오.
[31~32]

〈연령별 선호 제품〉

구분	20대	30대	40대	50대 이상
A제품	25%	35%	25%	15%
B제품	45%	30%	15%	10%
C제품	20%	35%	20%	25%
D제품	10%	20%	30%	40%

〈매장별 제품 만족도〉

(단위 : 점)

구분	갑매장	을매장	병매장	정매장
A제품	4	4	2	4
B제품	4	4	3	3
C제품	2	3	5	3
D제품	3	4	3	4

※ 점수 등급 : 1점(매우 불만족), 2점(불만족), 3점(보통), 4점(만족), 5점(매우 만족)

31 다음 중 자료만으로 처리할 수 없는 업무는?

① 연령별 제품 마케팅 전략 수립
② 제품별 만족도 분석
③ 구입처별 주력 판매 고객 설정
④ 연령별 선물용 제품 추천
⑤ 구입처별 주력 상품 설정

32 K기업에서는 사내 명절 선물을 결정하려고 한다. 명절 선물에 대한 직원 만족도를 높이기 위해 자료에서 추가적으로 수집해야 하는 정보로 적절하지 않은 것은?

① 매장별 할인 판매 현황
② 임직원 제품 선호도
③ 사내 연령 분포
④ 기지급 명절 선물 목록
⑤ 택배 필요 여부

33 K사원은 Windows 바탕화면의 업무폴더를 열자 다음과 같은 파일들이 들어있었다. K사원의 업무폴더 파일 목록을 보고, 이에 대한 설명으로 옳지 않은 것은?(단, K사원 업무폴더 파일 확장자 종류는 문서·이미지·소리·영상·압축 파일 5가지로 구분된다)

<K사원 업무폴더 파일 목록>

12345.jpg	56987.doc	75698.mkv	23578.wav
25687.avi	76528.wav	45687.bmp	35468.gif
75836.hwp	25698.jpg	45873.txt	56789.wma
12567.png	56987.ppt	23585.mkv	23147.png
53987.bmp	32541.avi	89635.jpg	56789.mp3
65894.xls	95368.hwp	53145.raw	45681.egg
34585.rar	56321.xls	56147.zip	54798.mid

① 압축 파일의 개수가 가장 적다.
② 소리 파일의 개수는 총 5개이다.
③ 이미지 파일의 개수는 압축 파일 개수의 3배이다.
④ 영상 파일의 개수는 소리 파일의 개수보다 많다.
⑤ 이미지 파일의 개수는 문서 파일의 개수보다 많다.

34 다음 상황에서 B사원이 제시해야 할 해결 방안으로 가장 적절한 것은?

A팀장 : 어제 부탁한 보고서 작성은 다 됐나?
B사원 : 네, 제 컴퓨터의 '문서' 폴더를 공유해 놓았으니 보고서를 내려받으시면 됩니다.
A팀장 : 내 컴퓨터의 인터넷은 잘 되는데, 혹시 자네 인터넷이 지금 문제가 있나?
B사원 : (모니터를 들여다보며) 아닙니다. 잘 되는데요?
A팀장 : 네트워크 그룹에서 자네의 컴퓨터만 나타나지 않네. 어떻게 해야 하지?

① 공유폴더의 사용권한 수준을 '소유자'로 지정해야 합니다.
② 화면 보호기를 재설정해야 합니다.
③ 디스크 검사를 실행해야 합니다.
④ 네트워크상의 작업 그룹명을 동일하게 해야 합니다.
⑤ 컴퓨터를 다시 시작해야 합니다.

35 다음 B사원의 답변에서 빈칸 (A), (B)에 들어갈 단축키로 옳은 것은?

A대리 : B씨, 혹시 파워포인트에서 도형 높이와 너비를 미세하게 조절하고 싶은데 어떻게 해야 하는지 알아요? 이거 도형 크기 조절하기가 쉽지 않네.

B사원 : 네, 대리님. (A) 버튼과 (B) 버튼을 같이 누르신 후 화살표 버튼을 누르시면서 크기를 조절하시면 됩니다.

	(A)	(B)
①	〈Ctrl〉	〈Shift〉
②	〈Ctrl〉	〈Alt〉
③	〈Ctrl〉	〈Tab〉
④	〈Alt〉	〈Tab〉
⑤	〈Alt〉	〈Shift〉

36 다음 워크시트와 같이 평점이 3.0 미만인 행 전체에 셀 배경색을 지정하고자 한다. 이를 위해 조건부 서식 설정에서 사용할 수식으로 옳은 것은?

◢	A	B	C	D
1	학번	학년	이름	평점
2	22959446	2	강혜민	3.38
3	23159458	1	김경식	2.60
4	23059466	2	김병찬	3.67
5	23159514	1	장현정	1.29
6	22959476	2	박동현	3.50
7	23159467	1	이승현	3.75
8	22859447	4	이병훈	2.93
9	22859461	3	강수빈	3.84

① $=\$D2<3$

② $=\$D\&2<3$

⑤ $=D2>3$

③ $=D2<3$

④ $=D\$2<3$

37 다음 중 프로세서 레지스터에 대한 설명으로 가장 적절한 것은?

① 하드디스크의 부트 레코드에 위치한다.

② 하드웨어 입출력을 전담하는 장치로서 속도가 빠르다.

③ 주기억장치보다 큰 프로그램을 실행시켜야 할 때 유용한 메모리이다.

④ 중앙처리장치에서 사용하는 임시기억장치로, 메모리 중 가장 빠른 속도로 접근 가능하다.

⑤ CPU와 주기억장치의 속도 차이 문제를 해결하여 준다.

38 다음 〈보기〉 중 워드프로세서의 표시 기능에 대한 설명으로 적절한 것을 모두 고르면?

> 보기
>
> (가) 장평은 문자와 문자 사이의 간격을 의미하며, 장평 조절을 통해 가독성을 높일 수 있다.
> (나) 상태표시줄에 표시되는 정보로는 현재 쪽, 단 정보, 현재 쪽 내에서의 커서 위치, 삽입 / 수정 상태를 볼 수 있다.
> (다) 문서 작성 시 스크롤바를 이용하여 화면을 상·하로 이동할 수 있으나, 좌·우로는 이동할 수 없다.
> (라) 조판 부호는 표나 글상자, 그림, 머리말 등을 기호화하여 표시하는 숨은 문자를 말한다.

① (가), (나) ② (가), (다)
③ (나), (다) ④ (나), (라)
⑤ (다), (라)

39 다음 중 워드프로세서의 하이퍼텍스트(Hypertext)에 대한 설명으로 적절하지 않은 것은?

① 문서와 문서가 순차적인 구조를 가지고 있어서 관련된 내용을 차례대로 참조하는 기능이다.

② Windows의 도움말이나 인터넷 웹 페이지에 사용된다.

③ 하이퍼텍스트에서 다른 문서간의 연결을 링크(Link)라고 한다.

④ 하나의 문서를 보다가 내용 중의 특정 부분과 관련된 다른 부분을 쉽게 참조할 수 있다.

⑤ 하이퍼텍스트 구조를 멀티미디어까지 이용 범위를 확장시켜 정보를 활용하는 방법은 하이퍼미디어(Hyper-media)라고 한다.

40 다음은 K기업의 인사부에서 정리한 사원 목록이다. 〈보기〉 중 적절한 것을 모두 고르면?

	A	B	C	D
1	사원번호	성명	직책	부서
2	869872	조재영	부장	경영팀
3	890531	정대현	대리	경영팀
4	854678	윤나리	사원	경영팀
5	812365	이민지	차장	기획팀
6	877775	송윤희	대리	기획팀
7	800123	김가을	사원	기획팀
8	856123	박슬기	부장	영업팀
9	827695	오종민	차장	영업팀
10	835987	나진원	사원	영업팀
11	854623	최윤희	부장	인사팀
12	847825	이경서	사원	인사팀
13	813456	박소미	대리	총무팀
14	856123	최영수	사원	총무팀

보기

㉠ 부서를 기준으로 내림차순으로 정렬되었다.
㉡ 직책은 사용자 지정 목록을 이용하여 부장, 차장, 대리, 사원 순으로 정렬되었다.
㉢ 부서를 우선 기준으로, 직책을 다음 기준으로 정렬하였다.
㉣ 성명을 기준으로 내림차순으로 정렬되었다.

① ㉠, ㉡
② ㉠, ㉢
③ ㉠, ㉣
④ ㉡, ㉢
⑤ ㉡, ㉣

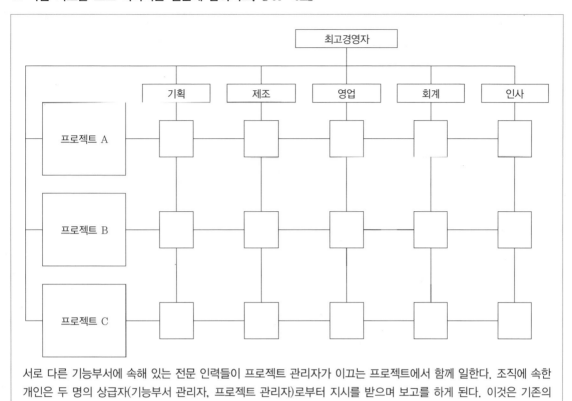

서로 다른 기능부서에 속해 있는 전문 인력들이 프로젝트 관리자가 이끄는 프로젝트에서 함께 일한다. 조직에 속한 개인은 두 명의 상급자(기능부서 관리자, 프로젝트 관리자)로부터 지시를 받으며 보고를 하게 된다. 이것은 기존의 전통적 조직 구조에 적용되는 ___㉠___의 원리가 깨진 것으로서 해당 조직의 가장 큰 특징이다.

41 다음 중 자료에서 설명하는 조직의 구조는 무엇인가?

① 네트워크 조직   ② 매트릭스 조직
③ 관료제 조직   ④ 팀제 조직
⑤ 학습 조직

42 다음 중 ㉠에 들어갈 말로 가장 적절한 것은?

① 계층   ② 기능적 분업
③ 조정   ④ 적도집권
⑤ 명령통일

43 조직 변화는 제품과 서비스, 전략과 구조, 기술, 문화 측면에서 이루어질 수 있다. 다음 〈보기〉 중 동일한 조직 변화 유형으로 바르게 짝지은 것은?

> 보기
>
> ㉠ 세계 시장에 적합한 신제품 출시
> ㉡ 의사결정 분권화
> ㉢ 제품 생산 속도 향상을 위한 기술 도입
> ㉣ 경영 규칙 및 규정 개정
> ㉤ 학습 조직 구축

① ㉠, ㉡
② ㉡, ㉣
③ ㉢, ㉣
④ ㉢, ㉤
⑤ ㉣, ㉤

44 다음 글을 이해한 내용으로 가장 적절한 것은?

> 총무부는 회사에 필요한 사무용품을 대량으로 주문하였다. 주문서는 메일로 보냈는데, 배송 온 사무용품을 확인하던 중 책꽂이의 수량과 연필꽂이의 수량이 바뀌어서 배송된 것을 알았다. 주문서를 보고 주문한 수량을 한번 더 확인한 후 바로 문구회사에 전화를 하니 상담원은 처음 발주한 수량대로 제대로 보냈다고 한다. 메일을 확인해보니 수정 전의 파일이 발송되었다.

① 문구회사는 주문서를 제대로 보지 못하였다.
② 주문서는 메일로 보내면 안 된다.
③ 메일에 자료를 첨부할 때는 꼼꼼히 확인하여야 한다.
④ 책꽂이는 환불을 받는다.
⑤ 연필꽂이의 수량이 책꽂이보다 많았다.

근무시간 대비 업무 생산성, 야근, 잔업으로 인한 조직 구성원의 만족도가 낮다고 평가되던 유통기업 K기업은 주 52시간 근무제에 맞추어 업무 몰입도 향상을 위해 집중근무제를 도입하였다. 업무 효율성과 생산성을 높이고 구성원의 삶의 질을 향상시키고 스트레스를 관리하여 조직 만족도를 높이는 것을 목표로 하고 이를 실행했다.

출근 후 오전 10 ~ 12시까지는 회의를 할 수 없고 개인 업무에만 집중하도록 하고 있다. 또한 PC오프제를 도입하여 퇴근 시간에 자동으로 업무용 PC가 꺼지도록 설정함으로써 사전 결제를 받지 않은 야근을 금지하고 정해진 퇴근 시간을 지키도록 독려했으며, 퇴근 후 자기개발 활동비를 직급별로 지원했다.

도입 6개월 후, K기업 인사팀 조사 결과 긍정적인 효과가 크게 나타났다. 구성원들은 퇴근 후 여가 시간을 활용할 수 있어 삶의 질 향상과 스트레스 관리에 많은 도움이 된 것으로 확인되었다. 또한 집중근무제를 통해 업무 방해 요인을 일정 부분 통제하고 업무 몰입 및 개인 업무를 관리하는 데 많은 도움이 되었다는 조사 결과를 얻었다.

45 다음 중 집중근무제와 PC오프제를 통해 K기업이 얻은 효과로 적절하지 않은 것은?

① 업무에 대한 몰입도가 향상되었다.
② 야근으로 인한 업무 스트레스가 감소되었다.
③ 휴식 시간이 감소하여 업무에 대한 피로도가 증가했다.
④ 불필요한 회의가 줄어 개인 업무에 집중할 수 있게 되었다.
⑤ 퇴근 후 여가 시간을 활용할 수 있어 삶의 질이 향상되었다.

46 다음 중 K기업이 구성원들의 스트레스 관리를 위한 제도를 실행한 이유로 적절하지 않은 것은?

① 과중한 업무 스트레스는 개인과 조직 모두에 부정적인 결과를 가져 오기 때문이다.
② 스트레스는 번아웃, 우울증 등 정신적·신체적 질병에 이르게 하는 원인이 되기 때문이다.
③ 스트레스 자체가 개인의 능력 개선이나 성과 향상에 도움이 되지 않기 때문이다.
④ 전문가의 도움과 사회적 관계 형성을 통해 스트레스는 관리될 수 있는 요인이기 때문이다.
⑤ 구성원들과 조직의 만족도를 높이는 것이 목표이기 때문이다.

47 A씨는 업무상 만난 외국인 파트너와 식사를 하였다. A씨가 한 다음의 행동 중 예절에 어긋나는 것은?

① 포크와 나이프를 바깥쪽에 있는 것부터 사용했다.

② 빵을 손으로 뜯어 먹었다.

③ 커피를 마실 때 손가락을 커피잔 고리에 끼지 않았다.

④ 수프를 숟가락으로 저으면 소리가 날까 봐 입김을 불어 식혔다.

⑤ 스테이크를 잘라가면서 먹었다.

48 다음 체크리스트의 성격을 볼 때, (A)에 추가적으로 들어갈 내용으로 가장 적절한 것은?

No.	항목	현재 능력				
		매우 낮음	낮음	보통	높음	매우 높음
1	경쟁국 업체의 주요 현황을 알고 있다.	①	②	③	④	⑤
2	다른 나라의 문화적 차이를 인정하고 이에 대해 개방적인 태도를 견지하고 있다.	①	②	③	④	⑤
3	현재 세계의 정치적 이슈가 무엇인지 잘 알고 있다.	①	②	③	④	⑤
4	업무와 관련된 최근 국제 이슈를 잘 알고 있다.	①	②	③	④	⑤
5	(A)	①	②	③	④	⑤

① 분기별로 고객 구매 데이터를 분석하고 있다.

② 업무와 관련된 국제적인 법규를 이해하고 있다.

③ 인사 관련 경영 자료의 내용을 파악하고 있다.

④ 자신의 연봉과 연차수당을 계산할 수 있다.

⑤ 구성원들의 제증명서를 관리하고 발급할 수 있다.

국내 자동차 회사인 K기업은 최근 유럽시장에 대형 SUV차량인 H9을 출시했다. 유럽 SUV시장은 A기업의 F3로 대표되는 소형 SUV시장과 C기업의 R4로 대표되는 준중형 SUV시장으로 양분되어 있었다. 유럽 자동차 회사들이 대형 SUV를 출시하지 않은 것은 유럽의 도로 여건과 법규, 실용성을 중시하는 소비자의 특성 때문이었다.

H9의 출시로 국내시장에서 큰 성공을 거둔 K기업은 유럽시장 출시와 함께 대대적인 마케팅 활동을 결정하고 막대한 자금을 투자했다. 또한 차량의 성능과 디자인을 중심으로 하는 기존 유럽 자동차 광고들과는 달리, 국내 자동차 광고처럼 유명 연예인 모델을 기용해 미디어 매체에 광고를 했다.

출시 6개월 후, 유럽 자동차 잡지들은 소비자 마케팅 조사 결과를 언급하며 그해 최악의 신차로 H9을 선정했다. 판매량은 바닥을 쳤고, K기업은 내부적으로 H9을 대체할 다음 신차를 논의할 수밖에 없는 상황에 이르렀다.

49 다음 중 K기업의 H9이 유럽시장에서 실패한 원인으로 적절하지 않은 것은?

① 국내시장의 소비 패턴이 유럽에도 적용될 것이라고 생각했다.
② 해외 소비자에 대한 광고 트렌드를 면밀히 파악하지 못했다.
③ 해외 소비자의 특성을 정확하게 이해하지 못했다.
④ 해외 신차 출시와 함께 대대적인 마케팅 활동을 펼쳤다.
⑤ 현지 도로 여건과 같은 인프라나 법규 등을 감안하지 않았다.

50 다음 중 H9의 해외 진출 실패에 대한 시사점으로 적절하지 않은 것은?

① 해외 진출 시 현지 도로 여건 등 인프라를 감안해야 한다.
② 해외시장에 대형 SUV가 보급되기에는 시기상조이다.
③ 출시에 앞서 현지 소비자의 특성을 면밀히 조사해야 한다.
④ 현지 자동차 관련 규제 및 법규에 대해 파악해야 한다.
⑤ 해외 현지의 광고 트렌드를 분석해야 한다.

합격의공식
시대
에듀

www.sdedu.co.kr

현재 나의 실력을 객관적으로 파악해 보자!

모바일 OMR
답안채점 / 성적분석 서비스

도서에 수록된 모의고사에 대한 객관적인 결과(정답률, 순위)를 종합적으로 분석하여 제공합니다.

OMR 입력

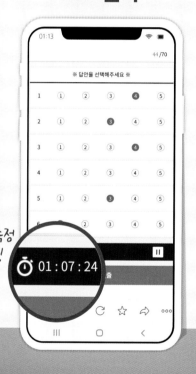

성적분석

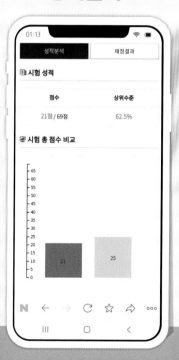

채점결과

※OMR 답안채점 / 성적분석 서비스는 등록 후 30일간 사용 가능합니다.

도서 내 모의고사 우측 상단에 위치한 QR코드 찍기 → 로그인 하기 → '시작하기' 클릭 → '응시하기' 클릭 → 나의 답안을 모바일 OMR 카드에 입력 → '성적분석 & 채점결과' 클릭 → 현재 내 실력 확인하기

시대에듀

공기업 취업을 위한 NCS
직업기초능력평가 시리즈

NCS부터 전공까지 완벽 학습 "통합서" 시리즈

공기업 취업의 기초부터 차근차근! 취업의 문을 여는 **Master Key!**

NCS 영역 및 유형별 체계적 학습 "집중학습" 시리즈

영역별 이론부터 유형별 모의고사까지! 단계별 학습을 통한 **Only Way!**

2025
최신판

사이다 기출응용
모의고사 시리즈

사일 동안
이것만 풀면
다 합격!

사이다

신용보증기금&
기술보증기금 NCS
4회분 | 정답 및 해설

모바일 OMR
답안채점 / 성적분석
서비스
—
NCS
핵심이론 및
대표유형 PDF
—
[합격시대]
온라인 모의고사
무료쿠폰
—
무료
NCS
특강

SDC SDC는 시대에듀 데이터 센터의 약자로 약 30만 개의 NCS · 적성 문제
데이터를 바탕으로 최신 출제경향을 반영하여 문제를 출제합니다.   편저 | SDC(Sidae Data Center)

시대에듀

기출응용 모의고사
정답 및 해설

1일 차 기출응용 모의고사 정답 및 해설

01	02	03	04	05	06	07	08	09	10
⑤	④	⑤	⑤	④	⑤	②	②	②	①
11	12	13	14	15	16	17	18	19	20
②	②	④	③	④	⑤	③	①	④	③
21	22	23	24	25	26	27	28	29	30
④	③	⑤	④	②	④	②	③	④	②
31	32	33	34	35	36	37	38	39	40
③	③	③	①	②	①	①	④	④	②
41	42	43	44	45	46	47	48	49	50
②	④	③	①	②	②	③	②	①	②

01 정답 ⑤

고전주의 범죄학에서는 인간의 모든 행위는 자유 의지에 입각한 합리적 판단에 따라 이루어지므로 범죄에 비례해 형벌을 부과할 경우 범죄가 억제될 수 있다고 주장한다. 따라서 이러한 주장에 대한 반박으로는 사회적 요인의 영향 등을 고려할 때 범죄는 개인의 자유 의지로 통제할 수 없다는 내용의 ⑤가 가장 적절하다.

오답분석

②·③·④ 고전주의 범죄학의 입장에 해당한다.

02 정답 ④

성공적인 프레젠테이션을 위해서는 내용을 완전히 숙지해야 하며(㉠), 예행 연습을 철저히 해야 한다(㉡). 또한 다양한 시청각 기자재를 활용하여 프레젠테이션 효과를 극대화해야 한다(㉣).

오답분석

㉢ 성공적인 프레젠테이션을 위해서는 청중의 니즈를 파악해야 한다. A대리의 프레젠테이션 청중은 A대리에게 광고를 의뢰한 업체 관계자이므로 A대리는 팀원이 아닌 업체 관계자의 니즈를 파악해야 한다.

㉤ 성공적인 프레젠테이션을 위해서는 일관된 흐름을 가지고 요점을 간결·명확하게 전달해야 한다. 따라서 A대리는 요점을 간결하면서도 명확하게 전달할 수 있도록 연습해야 한다.

03 정답 ⑤

제시문은 비휘발성 메모리인 NAND 플래시 메모리에 대해 먼저 소개하고, NAND 플래시 메모리에 데이터가 저장되는 과정을 설명한 후 반대로 지워지는 과정을 설명하고 있다. 따라서 (라) NAND 플래시 메모리의 정의 → (나) 컨트롤 게이트와 기저 상태 사이에 전위차 발생 → (가) 전자 터널링 현상으로 전자가 플로팅 게이트로 이동하며 데이터 저장 → (다) 전위차를 반대로 가할 때 전자 터널링 현상으로 전자가 기저 상태로 되돌아가며 데이터 삭제의 순서로 나열하는 것이 적절하다.

04 정답 ⑤

㉤의 앞뒤 문장은 생활 속에서 초미세먼지에 적절히 대응하기 위한 방안을 나열하고 있으므로 ㉤에는 문장을 병렬적으로 연결할 때 사용하는 접속부사인 '그리고'가 들어가는 것이 적절하다.

05 정답 ④

세 번째 문단에서 '상품에 응용된 과학 기술이 복잡해지고 첨단화되면서 상품 정보에 대한 소비자의 정확한 이해도 기대하기 어려워졌다.'라는 내용과 일맥상통한다.

06 정답 ⑤

액셀로드는 팃포탯 전략이 두 차례 모두 우승할 수 있었던 이유가 비열한 전략에는 비열한 전략으로 대응했기 때문임을 알게 되었다고 마지막 문단에서 언급하고 있다.

오답분석

① 네 번째 문단에 의하면 팃포탯을 만든 사람은 심리학자인 아나톨 라포트 교수이다.

② 두 번째 문단에 의하면 죄수의 딜레마에서 자신의 이득이 최대로 나타나는 경우는 내가 죄를 자백하고 상대방이 죄를 자백하지 않는 것이다.

③·④ 마지막 문단에서 액셀로드는 팃포탯을 친절한 전략으로 분류했음을 확인할 수 있다.

07

정답 ②

500kV HVDC 가공송전선로는 국내에서 최초로 시도되며 관련 기자재의 국산화를 위해서 대부분 신규로 개발되었다. 실증선로에서 기자재의 설치와 운영을 통해 설계를 검증하고 발견한 문제점을 개선해 나가고 있으므로 수입 기자재에 의존하고 있다는 내용은 적절하지 않다.

오답분석

① 직류송전선로 주변에서는 '코로나 소음, 이온류, 전계, TV와 라디오 전파 장애'와 같은 사회적 민원을 야기할 수 있는 전기 환경장애 등이 나타날 수 있다. 따라서 이러한 데이터를 측정 분석해 연구 결과를 실제 선로 설계에 반영한다.
③ 운영 시 발생할 수 있는 각종 사고나 예방 정비 활동과 관련해 운영 기술 및 절차서 수립을 위해 직류 송전선로 활성 공법, 직류애자 세정 기술, 작업자 보호복 개발과 같은 관련 연구를 함께 수행하고 있다.
④ 공기절연거리는 상시 전류가 흐르는 도체와 주변 물체 간에 전기적 안정성을 위한 최소 이격 거리를 말한다.
⑤ 전기환경장애 데이터 측정 시 다양한 기후 조건에서 장기간 수집된 전기환경장애 데이터를 분석해 실제 선로 설계에 반영한다.

08

정답 ②

• 물건 X를 조립할 때 필요한 금액 : $(10 \times 4,000) + (8 \times 3,500) = 40,000 + 28,000 = 68,000$원
• 물건 Y를 조립할 때 필요한 금액 : $(6 \times 4,000) + (12 \times 3,500) = 24,000 + 42,000 = 66,000$원

따라서 X를 100개 조립할 때 필요한 금액과 Y를 100개 조립할 때 필요한 금액의 차이는 $(100 \times 68,000) - (100 \times 66,000) = 100 \times (68,000 - 66,000) = 100 \times 2,000 = 200,000$원이다.

09

정답 ②

삼촌의 나이를 x세, 민수의 나이를 y세라 하면
$x + y = 88 \cdots \bigcirc$
$x - y = 30 \cdots \bigcirc$
$\bigcirc$, $\bigcirc$을 연립하면
$2x = 118$
$\therefore x = 59$
따라서 삼촌의 나이는 59세이다.

10

정답 ①

덜어낸 소금물의 양을 xg, 더 넣은 2% 소금물의 양을 yg이라고 하면, 다음 식이 성립한다.
$200 - x + \dfrac{x}{2} + y = 300 \cdots \bigcirc$

$\dfrac{6}{100} \times (200 - x) + \dfrac{2}{100} \times y = \dfrac{3}{100} \times 300 \cdots \bigcirc$

$\bigcirc$, $\bigcirc$을 정리하면 다음과 같다.
$-x + 2y = 200 \cdots @$
$-6x + 2y = -300 \cdots \text{ⓑ}$
$@$, ⓑ를 연립하면
$5x = 500$
$\therefore x = 100$, $y = 150$
따라서 2% 소금물의 양은 150g이다.

11

정답 ②

전체 도수가 40이므로 a의 값은 $40 - (3 + 4 + 9 + 12) = 40 - 28 = 12$이다. 따라서 교육 이수 시간이 40시간 이상인 직원은 $12 + a = 24$명이다. 그러므로 뽑힌 직원의 1년 동안 교육 이수 시간이 40시간 이상일 확률은 $\dfrac{24}{40} = \dfrac{3}{5}$이다.

12

정답 ②

자료의 분포는 B상품이 더 고르지 못하므로 표준편차는 B상품이 더 크다.

오답분석

① • A : $60 + 40 + 50 + 50 = 200$
  • B : $20 + 70 + 60 + 51 = 201$
③ 봄 판매량의 합은 80으로 가장 적다.
④ 시간이 지남에 따라 둘의 차는 점차 감소한다.
⑤ B상품의 판매량은 여름에 가장 많다.

13

정답 ④

각 연령대를 기준으로 남성과 여성의 인구 비율을 계산하면 다음과 같다.

구분	남성	여성
0 ~ 14세	$\dfrac{323}{627} \times 100 ≒ 51.5\%$	$\dfrac{304}{627} \times 100 ≒ 48.5\%$
15 ~ 29세	$\dfrac{453}{905} \times 100 ≒ 50.1\%$	$\dfrac{452}{905} \times 100 ≒ 49.9\%$
30 ~ 44세	$\dfrac{565}{1,110} \times 100 ≒ 50.9\%$	$\dfrac{545}{1,110} \times 100 ≒ 49.1\%$
45 ~ 59세	$\dfrac{630}{1,257} \times 100 ≒ 50.1\%$	$\dfrac{627}{1,257} \times 100 ≒ 49.9\%$
60 ~ 74세	$\dfrac{345}{720} \times 100 ≒ 47.9\%$	$\dfrac{375}{720} \times 100 ≒ 52.1\%$
75세 이상	$\dfrac{113}{309} \times 100 ≒ 36.6\%$	$\dfrac{196}{309} \times 100 ≒ 63.4\%$

남성 인구가 40% 이하인 연령대는 75세 이상(36.6%)이며, 여성 인구가 50% 초과 60% 이하인 연령대는 60 ~ 74세(52.1%)이다. 따라서 ④가 적절하다.

14

정답 ③

(단위 : 만 명)

구분	농업	광공업	서비스업	합계
2014년	150	y		1,550
2024년	x	300		2,380

• 2014년 대비 2024년 농업 종사자의 증감률
: $\dfrac{x-150}{150}\times100=-20 \rightarrow x=120$

• 2014년 대비 2024년 광공업 종사자의 증감률
: $\dfrac{300-y}{y}\times100=20 \rightarrow y=250$

• 2014년 서비스업 종사자 수
: $1,550-(150+250)=1,150$만 명

• 2024년 서비스업 종사자 수
: $2,380-(120+300)=1,960$만 명

따라서 2024년 서비스업 종사자는 2014년에 비해 $1,960-1,150$ $=810$만 명이 더 증가했다.

15

정답 ④

네 번째를 제외한 모든 조건과 그 대우를 논리 기호화하면 다음과 같다.

• $\sim(D\lor G) \rightarrow F$ / $\sim F \rightarrow (D\land G)$
• $F \rightarrow \sim E$ / $E \rightarrow \sim F$
• $\sim(B\lor E) \rightarrow \sim A$ / $A \rightarrow (B\land E)$

네 번째 조건에 따라 A가 투표를 하였으므로, 세 번째 조건의 대우에 의해 B와 E 모두 투표를 하였다. 또한 E가 투표를 하였으므로, 두 번째 조건의 대우에 따라 F는 투표하지 않았으며, F가 투표하지 않았으므로 첫 번째 조건의 대우에 따라 D와 G는 모두 투표하였다. A, B, D, E, G 5명이 모두 투표하였으므로 네 번째 조건에 따라 C는 투표하지 않았다. 따라서 투표를 하지 않은 사람은 C와 F이다.

16

정답 ⑤

신대리가 회의를 진행할 수 있는 시간은 야근 종료시간인 22시(해외업체 12시)까지이고, 해외업체의 근무 시작 시간인 한국 시간 19시(해외업체 9시)부터 해외업체 담당자와 회의시간을 정할 수 있다.

17

정답 ③

해외업체 담당자가 현지 시간으로 4월 6일 12시(한국 시간 밤 10시)까지 자료를 보내달라고 하였고, 신대리는 4월 6일 한국 시간으로 오후 7시에 자료 준비를 시작하여 해외업체 담당자가 요청한 시간인 한국 시간으로 밤 10시에 제출했다. 신대리는 자료를 4월 6일 오후 7시부터 시작해서 같은 날 밤 10시에 제출했으므로 이에 소요된 시간은 3시간이다.

18

정답 ①

주요 조건을 순서대로 논리 기호화하여 표현하면 다음과 같다.

• 두 번째 조건 : 머그컵 → ~노트
• 세 번째 조건 : 노트
• 네 번째 조건 : 태블릿PC → 머그컵
• 다섯 번째 조건 : ~태블릿PC → (가습기 ∧ ~컵받침)

세 번째 조건에 따라 노트는 반드시 선정되며, 두 번째 조건의 대우(노트 → ~머그컵)에 따라 머그컵은 선정되지 않는다. 그리고 네 번째 조건의 대우(~머그컵 → ~태블릿PC)에 따라 태블릿PC도 선정되지 않으며, 다섯 번째 조건에 따라 가습기는 선정되고 컵받침은 선정되지 않는다. 총 3개의 경품을 선정한다고 하였으므로, 노트, 가습기와 함께 펜이 경품으로 선정된다.

19

정답 ④

첫 번째, 두 번째 조건에 의해 A・B・C・D가 각각 입지 않는 색상도 서로 겹치지 않음을 알 수 있다. A가 빨간색을 입지 않고 C가 초록색을 입지 않으므로 B와 D는 노란색이나 파란색을 입지 않아야 하는데, D가 노란색 티셔츠를 입으므로 D는 파란색을 입지 않고, B는 노란색을 입지 않았다. 그러면 티셔츠 중 초록색・빨간색・파란색이 남는데, C는 초록색은 입지 않고 빨간색 바지를 입었으므로 파란색 티셔츠를 입고, A는 빨간색을 입지 않으므로 초록색 티셔츠를 입으며, B는 빨간색 티셔츠를 입는다. 또한 C는 초록색을 입지 않으므로 노란색 모자를 쓴다. 그러면 노란색 중 남은 것은 바지인데, B는 노란색을 입지 않으므로 A가 노란색 바지를 입고, 파란색 모자를 쓴다. 다음으로 모자 중에는 빨간색과 초록색, 바지 중에는 파란색과 초록색이 남는데, B가 이미 빨간색 티셔츠를 입고 있으므로 D가 빨간색 모자를 쓰고 B가 초록색 모자를 쓰며, D는 파란색을 입지 않으므로 초록색 바지를, B는 파란색 바지를 입는다. 이를 표로 정리하면 다음과 같다.

구분	A	B	C	D
모자	파란색	초록색	노란색	빨간색
티셔츠	초록색	빨간색	파란색	노란색
바지	노란색	파란색	빨간색	초록색

따라서 B의 모자와 D의 바지의 색상은 서로 같음을 알 수 있다.

20

정답 ③

조건을 충족하는 경우를 표로 나타내면 다음과 같다.

A	B	C	D
주황색	남색 또는 노란색	빨간색	남색 또는 노란색
파란색	보라색		
	초록색		

조건에서 A - 주황색, C - 빨간색, B - 초록색(∵ B는 C의 구두와 보색관계의 구두), B・D - 남색 또는 노란색 중 각각 하나씩(∵ B와 D는 빨간색 - 초록색을 제외한 나머지 보색 조합인 노란

색 – 남색 중 각각 하나씩을 산다)임을 알 수 있다. 또한 B, D는 파란색을 싫어하므로 A나 C가 파란색을 사야 한다. 그러나 C가 두 컬레를 사게 되면 A는 한 컬레만 살 수 있으므로 조건에 어긋나기에 A가 파란색을 산다. 또한 C나 D가 보라색을 사면 네 번째 조건을 충족할 수 없으므로, B가 보라색을 산다.
따라서 A는 주황색을 제외하고 파란색 구두를 샀음을 알 수 있다.

21

정답 ④

B대리는 A사원의 질문에 대해 명료한 대답을 하지 않고 모호한 태도를 보이고 있으므로 협력의 원리 중 태도의 격률을 어기고 있음을 알 수 있다.

22

정답 ③

제시문에서는 개념을 이해하면서도 개념의 사례를 식별하지 못하는 경우와, 개념의 사례를 식별할 수 있으나 개념을 이해하지 못하는 경우를 통해 개념의 사례를 식별하는 능력과 개념을 이해하는 능력은 서로 필요충분조건이 아니라고 주장한다. 이런 제시문의 주장과 달리 ③은 개념을 이해하지 못하면 개념의 사례를 식별하지 못하는 인공지능의 사례로, 오히려 개념의 사례를 식별해야만 개념을 이해할 수 있다는 주장을 강화한다. 따라서 제시문의 논지를 약화하는 것으로 ③이 가장 적절하다.

오답분석
① 개념을 이해하지 못해도 개념의 사례를 식별할 수 있다는 사례로, 논지를 강화한다.
② 개념의 사례를 식별할 수 있으나 개념을 이해하지 못할 수 있다는 사례로, 논지를 강화한다.
④ 침팬지가 정육면체 상자를 구별하는 것이 아니라 숨겨진 과자를 찾아내는 사례로, 제시문의 내용과 관련이 없다.
⑤ 개념의 사례를 식별할 수 없어도 개념을 이해할 수 있다는 사례로, 논지를 강화한다.

23

정답 ⑤

제시문에서는 우리말과 영어의 어순 차이에 대해 설명하면서, 우리말에서 주어 다음에 목적어가 오는 것은 '나의 의사보다 상대방에 대한 관심을 먼저 보이는' 우리의 문화에서 기인한 것이라고 언급하고 있다. 그리고 '나의 의사를 밝히는 것이 먼저인 영어를 사용하는 사람들의 문화'라는 내용으로 볼 때, 상대방에 대한 관심보다 나의 생각을 우선시하는 것은 영어의 문장 표현이다.

24

정답 ②

직사각형의 넓이는 (가로)×(세로)이므로 넓이를 $\frac{1}{3}$ 이하로 작아지게 하려면 길이를 $\frac{1}{3}$ 이하로 줄이면 된다. 따라서 가로의 길이를 10cm 이하가 되게 하려면 최소 20cm 이상 줄여야 한다.

25

정답 ④

D는 현재 4,100만 원을 받을 수 있지만 10년을 더 근무하면 8,300만 원을 받을 수 있다. 따라서 두 배 이상이다.

오답분석
① 월별연금 지급액 100개월 치를 더하면 5,000만 원이지만 일시불연금 지불액은 4,150만 원으로 더 적다.
② A의 일시불연금 지급액은 4,150만 원이고, D는 4,100만 원이다.
③ C의 월연금 지급액은 84만 원이지만 B는 80만 원이다. 하지만 초과 금지 규정 때문에 C도 80만 원을 받는다.
⑤ A가 받는 월별연금 지급액은 50만 원으로, 최종평균 보수월액의 80%인 80만 원보다 적다.

26

정답 ②

A ~ D가 외화 환전으로 얻은 이익은 다음과 같다.
• A
 – 1월 1일에 300달러 환전에 사용된 원화는 1,180×300= 354,000원이다.
 – 3월 23일 받은 원화는 1,215×100=121,500원이고, 6월 12일에 받은 원화는 1,190×200=238,000원이다.
 – 사용한 원화가 354,000원이고, 받은 원화가 359,500원이므로 이익은 5,500원이다.
• B
 – 1월 1일에 3,000엔 환전에 사용된 원화는 1,090×30= 32,700원이다.
 – 3월 23일 받은 원화는 1,105×10=11,050원이고, 6월 12일에 받은 원화는 1,085×20=21,700원이다.
 – 사용한 원화가 32,700원이고, 받은 원화가 32,750원이므로 이익은 50원이다.
• C
 – 1월 1일에 1,000위안 환전에 사용된 원화는 165×1,000= 165,000원이다.
 – 3월 23일 받은 원화는 175×300=52,500원이고, 6월 12일에 받은 원화는 181×700=126,700원이다.
 – 사용한 원화가 165,000원이고, 받은 원화가 179,200원이므로 이익은 14,200원이다.
• D
 – 1월 1일에 400유로 환전에 사용된 원화는 1,310×400= 524,000원이다.
 – 3월 23일 받은 원화는 1,370×200=274,000원이고, 6월 12일에 받은 원화는 1,340×200=268,000원이다.
 – 사용한 원화가 524,000원이고, 받은 원화가 542,000원이므로 이익은 18,000원이다.
따라서 환전으로 얻는 최대 이익(D)과 최소 이익(B)의 차는 18,000−50=17,950원이다.

27
정답 ③

- (가) : 외부의 기회를 활용하면서 내부의 강점을 더욱 강화시키는 SO전략에 해당한다.
- (나) : 외부의 기회를 활용하여 내부의 약점을 보완하는 WO전략에 해당한다.
- (다) : 외부의 위협을 회피하며 내부의 강점을 적극 활용하는 ST전략에 해당한다.
- (라) : 외부의 위협을 회피하고 내부의 약점을 보완하는 WT전략에 해당한다.

28
정답 ④

보기에 대하여 생산한 공장을 기준으로 분류할 경우 중국, 필리핀, 멕시코, 베트남, 인도네시아 5개로 분류할 수 있다.

29
정답 ②

생산한 시대를 기준으로 생산연도가 잘못 표시된 경우
- CY87068506(1990년대)
- VA27126459(2010년대)
- MY03123268(1990년대)
- CZ11128465(2000년대)
- MX95025124(1980년대)
- VA07107459(2010년대)
- CY12056487(1990년대)

1 ~ 12월의 번호인 01 ~ 12 번호가 아닌 경우
- VZ08203215
- IA12159561
- CZ05166237
- PZ04212359

따라서 잘못 기입된 시리얼 번호는 11개이다.

30
정답 ④

조건을 정리하면 다음과 같다.

구분	족두리	치마	고무신
콩쥐	파란색 / 검은색	빨간색	노란색 (파란색×)
팥쥐	빨간색	파란색 (노란색×)	검은색
향단	검은색 / 파란색	노란색 (검은색×)	빨간색
춘향	노란색 (빨간색×)	검은색 (빨간색×)	파란색 (빨간색×)

콩쥐가 빨간색 치마를 입으므로 남은 파란색, 노란색, 검은색 치마는 나머지 사람들이 나눠 입는다. 팥쥐는 노란색 치마를 싫어하고 검은색 고무신을 선호하므로 파란색 치마를 배정받고, 향단은 검은색 치마를 싫어하므로 노란색 치마를 배정받는다. 따라서 남은 검은색 치마는 춘향이 배정받게 된다.

31
정답 ③

세탁기 신상품의 콘셉트(Concept)가 중년층을 대상으로 하기 때문에 성별이 아닌 연령에 따라 자료를 분류하여 중년층의 세탁기 선호 디자인에 대한 정보가 필요함을 알 수 있다.

32
정답 ③

1인 가구의 인기 음식(ⓒ)과 5세 미만 아동들의 선호 색상(ⓗ)은 각각 음식과 색상에 대한 자료를 가구, 연령으로 특징지음으로써 자료를 특정한 목적으로 가공한 정보(Information)로 볼 수 있다.

오답분석

ⓐ · ⓓ · ⓜ 특정한 목적이 없는 자료(Data)의 사례이다.
ⓒ 특정한 목적을 달성하기 위한 지식(Knowledge)의 사례이다.

33
정답 ④

보기는 '운동'을 주제로 나열되어 있는 자료임을 알 수 있다. ① · ② · ③ · ⑤는 운동을 목적으로 하는 지식의 사례이나, ④는 운동이 아닌 '식이요법'을 목적으로 하는 지식의 사례로 볼 수 있다.

34
정답 ①

[수식] 탭 − [수식 분석] 그룹 − [수식 표시]를 클릭하면 결괏값이 아닌 수식 자체가 표시된다.

35
정답 ②

도형 선택 후 〈Shift〉를 누르고 도형을 회전시키면 15° 간격으로 회전시킬 수 있다.

36
정답 ①

'나/NP 는/JXS 밥/NNG 을/JKO 먹/VV 는다/EFN ./SF'는 파이썬에 있는 꼬꼬마 형태소 분석기를 사용하여 형태소 분석을 실행했을 때 출력되는 결과로(NP, JXS 등은 주어, 조사 등) 문장성분을 표시한 것이다. 따라서 제시문은 문장을 최소 의미 단위인 형태소로 분절하는 과정이다.

오답분석

② 구문 분석 : 문장 구조를 문법적으로 분석하는 과정이다.
③ 의미 분석 : 문법을 넘어 문장이 내포하는 의미를 해석하는 과정이다.
④ · ⑤ 특성 추출 · 단어 분석 : 자연어 처리 과정에 해당되지 않는다.

37

정답 ①

오른쪽 워크시트를 보면 데이터는 '김'과 '철수'로 구분이 되어 있다. 왼쪽 워크시트의 데이터는 '김'과 '철수' 사이에 기호나 탭, 공백 등이 없으므로 각 필드의 너비(열 구분선)를 지정하여 나눈 것이다.

38

정답 ④

삽입 상태가 아닌 수정 상태일 때만 〈Space Bar〉는 오른쪽으로 이동하면서 한 문자씩 삭제한다.

39

정답 ②

창 나누기를 수행하면 셀 포인터의 왼쪽과 위쪽으로 창 구분선이 표시된다.

40

정답 ③

VLOOKUP 함수는 「=VLOOKUP(첫 번째 열에서 찾으려는 값, 찾을 값과 결과로 추출할 값들이 포함된 데이터 범위, 값이 입력된 열의 열 번호, 일치 기준)」로 구성된다. 찾으려는 값은 [B2]가 되어야 하며, 추출할 값들이 포함된 데이터 범위는 [E2:F8]이고, 자동 채우기 핸들을 이용하여 사원들의 교육점수를 구해야 하므로 [$E$2:$F$8]과 같이 절대참조가 되어야 한다. 그리고 값이 입력된 열의 열 번호는 [E2:F8] 범위에서 2번째 열이 값이 입력된 열이므로 2가 되어야 하며, 정확히 일치해야 하는 값을 찾아야 하므로 FALSE 또는 0이 들어가야 한다.

41

정답 ②

김대리가 작성한 업무 수행 시트는 워크 플로 시트로, 일의 흐름을 동적으로 보여주는 데 효과적이다. 워크 플로 시트에서는 도형을 다르게 표현함으로써 주된 작업과 부차적인 작업, 혼자 처리할 수 있는 일과 다른 사람의 협조를 필요로 하는 일 등을 구분해서 표현할 수 있다. 김대리가 작성한 업무 수행 시트의 경우 사각형은 주요 업무를, 타원형은 세부 절차를, 마름모형은 다른 사람과의 협업을 나타낸다. 한편, 김대리의 워크 플로 시트에는 활동별 소요 시간이 별도로 기재되어 있지 않으므로 업무 단계별로 소요되는 시간을 확인할 수 없으며, 단계별 소요 시간을 나타낼 때는 주로 간트 차트를 사용한다.

42

정답 ④

사례 1은 비용우위 전략과 차별화 전략을 동시에 적용한 사례이다. 일본의 자동차 기업 T회사는 JIT 시스템을 통해 비용을 낮추는 원가 우위 전략을 취함과 동시에 기존 JIT 시스템을 현재 상황에 맞게 변형한 차별화 전략을 추구하고 있다.
ⓒ · ⓔ 비용우위 전략+차별화 전략

㉠ 비용우위 전략에 해당한다.
㉡ 집중화 전략에 해당한다.

43

정답 ③

사례 2는 집중화 전략에 대한 내용이다. 집중화 전략의 결과는 특정 목표에 대해 차별화되거나 낮은 원가를 실현할 수 있는데, 예를 들면 그 지역의 공급자가 고객과의 제휴를 통해 낮은 원가 구조를 확보할 수 있다. 또한 특정 세분화된 시장이 목표가 되므로 다른 전략에 비해 상대적으로 비용이 적게 들고, 성공했을 경우 효과는 작지만 특정 세분시장에서의 이익을 확실하게 확보할 수 있다.

44

정답 ①

베트남 사람들은 매장에 직접 방문해서 구입하는 것을 더 선호하므로 인터넷, TV광고와 같은 간접적인 방법의 홍보를 활성화하는 것은 신사업 전략으로 적절하지 않다.

45

정답 ②

미국에서는 악수를 할 때 상대의 눈이나 얼굴을 봐야 한다. 눈을 피하는 태도를 진실하지 않은 것으로 보기 때문이다. 상대방과 시선을 마주보며 대화하는 것을 실례라고 생각하는 지역은 아프리카이다.

46

정답 ②

㉠은 오픈 이노베이션(개방형 혁신)이다. 오픈 이노베이션이란 기업이 필요로 하는 기술과 아이디어 등을 외부에서 받고, 이를 내부 자원과 공유하여 새로운 제품이나 서비스를 만들어내는 것을 말한다.

① 애자일(Agile) : 급변하는 시장 환경 속에서 다양한 수요에 유연하고 민첩하게 대응하기 위한 경영 방식으로, 부서 간 경계를 허물고 필요에 맞게 소규모팀을 구성해 업무를 수행하는 것을 말한다.
③ 데브옵스(DevOps) : 소프트웨어의 개발(Development)과 운영(Operations)의 합성어로, 소프트웨어 개발자와 정보기술 전문가 간의 소통, 협업 및 통합을 강조하는 개발 환경이나 문화를 말한다.
④ 빅데이터(Big Data) : 방대한 데이터와 이를 경제적 가치가 있는 것으로 분류 및 분석할 수 있는 기술을 말한다.
⑤ 브레인 라이팅(Brain Writing) : 포스트잇 같은 메모지에 의견을 적은 다음 메모된 글을 차례대로 공유하는 방법이다.

47

정답 ③

폐쇄형 R&D에 대한 설명으로, 공정 혁신이나 연구개발(R&D)의 대부분을 자체적으로 해결하는 형태이다.

[오답분석]

①·②·④·⑤ 오픈 이노베이션과 개방형 R&D로, 소비자의 아이디어나 대학이나 외부 회사의 의견을 받아들여 신제품을 개발하거나 고객의 참여가 더 많은 가치를 창출하는 사례이다.

48

정답 ②

ⓒ은 브레인스토밍이다. 브레인스토밍은 여러 명이 한 가지의 문제를 놓고 아이디어를 비판 없이 제시하여 그중에서 최선책을 찾아내는 방법으로, 아이디어의 질보다 양을 추구하며 모든 아이디어들이 제안되고 나면 이를 결합하여 해결책을 마련한다.

49

정답 ①

K기업은 원가우위전략에 속하는 가격 고정이라는 카테고리 전략을 실행하였다.

[오답분석]

② 차별화전략 : 둘 이상의 세분시장들을 표적시장으로 선정하여 각 세분시장에 적합한 마케팅 믹스프로그램을 제공하는 전략이다.

③ 집중화전략 : 기업이 전체시장을 대상으로 하지 않고 시장의 일부에만 집중적으로 마케팅 활동을 하거나 작은 하위시장을 독점 상태로 유도하는 마케팅 전략이다.

④ 혁신전략 : 기존의 제품을 간단하게 외형만 바꾸지 않고, 의미 있고 독특한 변화를 통해 혁신을 추구하는 전략이다.

⑤ 비차별화전략 : 시장을 세분화하지 않고 전체시장에 대응하는 마케팅 활동이다.

50

정답 ⑤

전략 평가 및 피드백은 기업 실적을 객관적으로 분석하여 결과에 대한 근본 원인을 도출하는 단계로 K기업의 원가우위전략과 차별화된 정책이 근본 원인이라고 도출하고 있다.

[오답분석]

① 전략 목표 설정 : 전략 목표란 조직의 임무를 수행하기 위하여 중장기적으로 계획하여 추진하고자 하는 중점 사업 방향을 의미하며 조직의 임무를 좀 더 가시화한 목표라고 할 수 있다. 3 ~ 5개 정도로 설정함이 적정하고 표현 형식은 구체적이고 명확하게 서술되어야 한다.

② 전략 환경 분석 : 내·외부 환경을 분석하는 것으로, 시장, 경쟁사, 기술 등을 분석하여 경쟁에서 성공 요인을 도출하도록 한다.

③ 경영 전략 도출 : 경쟁우의 전략을 도출하여 기업 성장과 효율성 극대화라는 목표를 달성할 수 있도록 지원하는 것이다.

④ 경영 전략 실행 : 목표와 미션을 이해하고 조직 역량을 분석하며 세부 실행 계획을 수립하여 업무를 실행한다.

2일 차 기출응용 모의고사 정답 및 해설

01	02	03	04	05	06	07	08	09	10
③	①	⑤	②	⑤	①	②	④	③	④
11	12	13	14	15	16	17	18	19	20
③	②	④	④	④	③	②	④	③	③
21	22	23	24	25	26	27	28	29	30
②	①	①	④	①	③	②	⑤	②	②
31	32	33	34	35	36	37	38	39	40
②	①	⑤	②	④	④	③	④	①	①
41	42	43	44	45	46	47	48	49	50
④	⑤	④	③	②	④	③	①	④	①

01

정답 ③

고려 말 최무선이 개발한 주화는 1448년(세종 30년) 이전까지 주화로 불렸으므로 조선 건국 후에도 주화로 불렸음을 알 수 있다.

오답분석

① 발화통까지 포함된 대신기전의 전체 길이는 약 5.6m이므로 옳지 않다.
② 대신기전의 추진력은 약통 속 화약에 불이 붙어 만들어진 연소 가스가 약통 밖으로 내뿜어질 때 만들어지므로 옳지 않다.
④ 발화통은 폭발체일 뿐이며 목표물을 향해 날아가게 하는 역할은 약통이 담당하므로 약통이 없다면 대신기전은 목표물을 향해 날아가지 못할 것이다.
⑤ 대신기전의 몸체 역할을 하는 대나무의 맨 위에는 발화통을 장착하고 발화통 아래에는 약통을 연결하며, 대나무 아래 끝부분에는 날개를 달았다. 따라서 대신기전은 발화통 – 약통 – 날개의 순서대로 구성되어 있음을 알 수 있다.

02

정답 ①

제시문은 사회보장 제도가 무엇인지 정의하고 있으므로 제목으로는 '사회보장 제도의 의의'가 가장 적절하다.

오답분석

② 대상자를 언급하고 있지만 글 내용의 일부로 글의 전체적인 제목으로는 적절하지 않다.
③ 우리나라만의 사회보장에 대한 설명은 아니다.

④ 소득보장에 대해서는 언급하고 있지 않다.
⑤ 두 번째 문단에서만 사회보험과 민간보험의 차이점을 언급하고 있다.

03

정답 ⑤

제시문에서는 한국행정학회가 발표한 국가기관 신뢰도 조사 결과를 구체적인 수치로 제시함으로써 국가기관에 대한 국민의 불신을 강조하고 있다. 이러한 국가기관에 대한 불신이 법질서 준수를 어렵게 하고 있으므로 국민에게 법질서 준수를 강요하기 전에 국가기관이 먼저 솔선수범해야 한다고 주장한다.

04

정답 ②

제시문에는 조간대의 상부에 사는 생물들의 예시만 있으며, 중부에 사는 생물에 대한 예시는 들고 있지 않다.

오답분석

① 마지막 문단에서 조간대에 사는 생물 중 총알고둥류가 사는 곳은 물이 가장 높이 올라오는 지점인 상부라고 말하고 있다.
③ 마지막 문단에서 척박한 바다 환경에 적응하기 위해 높이에 따라 수직적으로 종이 분포한다고 이야기하고 있다.
④ 첫 번째, 두 번째 문단에 걸쳐서 조간대의 환경적 조건에 대해 언급하고 있다.
⑤ 두 번째 문단에서 조간대의 상부에서는 뜨거운 태양열을 견뎌야 하는 환경적 조건임을, 마지막 문단에서 이러한 환경에 적응하기 위해 총알고둥류와 따개비는 상당 시간 물 밖에 노출되어도 수분 손실을 막기 위해 패각과 덮개판을 닫고 오랜 시간 버틸 수 있음을 이야기하고 있다.

05

정답 ⑤

마지막 문단의 '기다리지 못함도 삼가고 아무것도 안 함도 삼가야 한다. 작동 중에 있는 자연스런 성향이 발휘되도록 기다리면서도 전력을 다할 수 있도록 돕는 노력도 멈추지 말아야 한다.'를 통해 ⑤가 제시문의 중심 주제가 됨을 알 수 있다.

오답분석

① 인위적 노력을 가하는 것은 일을 '조장(助長)'하지 말라고 한 맹자의 말과 반대된다.
② 싹이 성장하도록 기다리는 것도 중요하지만 '전력을 다할 수 있도록 돕는 노력'도 해야 한다.

③ 명확한 목적성을 강조하는 부분은 제시문에 나와 있지 않다.
④ 맹자는 '싹 밑의 잡초를 뽑고, 김을 매주는 일'을 통해 '성장을 보조해야 한다.'라고 말하며 적당한 인간의 개입이 필요함을 말하고 있다.

06
정답 ①

첫 번째 문단에서 엔테크랩이 개발한 감정인식 기술은 모스크바시 경찰 당국에 공급할 계획이라고 하였으므로 아직 도입되어 활용되고 있는 것은 아니다. 따라서 감정인식 기술이 큰 기여를 하고 있다는 ①은 적절하지 않다.

07
정답 ②

제시문에서는 저작권 소유자 중심의 저작권 논리를 비판하며, 저작권의 의의를 가지려면 저작물이 사회적으로 공유되어야 한다고 주장하고 있다. 따라서 주장에 대한 비판으로 ②가 가장 적절하다.

08
정답 ④

총거리와 총시간이 주어져 있으므로 걸은 거리와 달린 거리 또는 걸은 시간과 달린 시간을 미지수로 잡을 수 있다. 미지수를 잡기 전에 문제에서 묻는 것을 정확하게 파악해야 헷갈리지 않는다. 문제에서 A사원이 달린 거리를 물어보았으므로 거리를 미지수로 놓는다. A사원이 회사에서 카페까지 걸어간 거리를 x km, 달린 거리를 y km라고 하면, 회사에서 카페까지의 거리는 2.5km이므로 걸어간 거리 x km와 달린 거리 y km를 합하면 2.5km이다.
$x+y=2.5 \cdots \bigcirc$

A사원이 회사에서 카페까지 24분 걸렸으므로 걸어간 시간$\left(\dfrac{x}{4}$ 시간$\right)$과 뛰어간 시간$\left(\dfrac{y}{10}$ 시간$\right)$을 합치면 24분이다. 이때 속력은 시간 단위이므로 '분'으로 바꾸어 계산한다.
$\dfrac{x}{4} \times 60 + \dfrac{y}{10} \times 60 = 24 \rightarrow 5x+2y=8 \cdots \bigcirc$
⊙과 ⓒ을 연립하여 ⓒ$-(2\times$⊙$)$을 하면 $x=1$이고, 구한 x의 값을 ⊙에 대입하면 $y=1.5$이다.
따라서 A사원이 달린 거리는 y km이므로 1.5km이다.

09
정답 ③

과장은 서로 다른 지역으로 출장을 가야 하므로 과장이 서로 다른 지역으로 출장을 가는 경우의 수는 $_4\mathrm{P}_2=12$가지이다. 또한 각 지역은 대리급 이상이 포함되어야 한다.
• 과장과 대리 1명이 같은 지역으로 출장을 가는 경우의 수
  대리 3명 중 1명이 과장과 같은 지역으로 출장을 가고 남은 대리 둘은 남은 두 지역으로 출장을 간다.
  $_3\mathrm{C}_1 \times _2\mathrm{C}_1 \times 2! = 12$가지

• 과장과 대리가 서로 다른 지역으로 출장을 가는 경우의 수
  대리 2명, 대리 1명으로 나누어 남은 두 지역으로 출장을 간다.
  $_3\mathrm{C}_2 \times 2! = 6$가지
각 경우의 남은 세 자리에 대하여 남은 사원 3명이 출장을 가는 경우의 수는 3!가지이다.
따라서 구하려는 확률은
$$\frac{12 \times 12 \times 3!}{12 \times 12 \times 3! + 12 \times 6 \times 3!} = \frac{12}{12+6} = \frac{2}{3}$$ 이다.

10
정답 ④

정상가로 A, B, C과자를 2개씩 구매하면 총금액은 $(1,500+1,200+2,000) \times 2 = 4,700 \times 2 = 9,400$원이다.
이 금액으로 할인된 가격의 A, B, C과자를 2개씩 구매하면 남은 금액은 $9,400-\{(1,500+1,200) \times 0.8 + 2,000 \times 0.6\} \times 2 = 9,400 - 3,360 \times 2 = 9,400 - 6,720 = 2,680$원이다.
따라서 남은 돈으로 구매할 수 있는 A과자의 개수는 $\dfrac{2,680}{1,500 \times 0.8}$
$\fallingdotseq 2.23$, 즉 2봉지이다.

11
정답 ③

팀장의 나이를 x세라고 했을 때, 과장의 나이는 $(x-4)$세, 대리는 31세, 사원은 25세이다. 과장과 팀장의 나이 합이 사원과 대리의 나이 합의 2배이므로 다음과 같다.
$x+(x-4)=2 \times (31+25)$
$\rightarrow 2x-4=112$
$\therefore x=58$
따라서 팀장의 나이는 58세이다.

12
정답 ②

• 평균 통화시간이 6 ~ 9분인 여자의 수 : $400 \times \dfrac{18}{100} = 72$명
• 평균 통화시간이 12분 이상인 남자의 수 : $600 \times \dfrac{10}{100} = 60$명
$\therefore \dfrac{72}{60} = 1.2$배
따라서 여자는 남자의 1.2배이다.

13
정답 ④

10대의 인터넷 공유 활동을 참여율이 큰 순서대로 나열하면 '커뮤니티 이용 → 퍼나르기 → 블로그 운영 → UCC 게시 → 댓글 달기'이다. 반면, 30대는 '커뮤니티 이용 → 퍼나르기 → 블로그 운영 → 댓글 달기 → UCC 게시'이다. 따라서 활동 순위가 서로 같지 않다.

① 20대가 다른 연령에 비해 참여율이 비교적 높은 편임을 표에서 쉽게 확인할 수 있다.
② 남성이 여성보다 참여율이 대부분의 활동에서 높지만, 블로그 운영에서는 여성의 참여율이 높다.
③ 남녀 간의 참여율 격차가 가장 큰 영역은 13.8%p로 댓글 달기이며, 가장 작은 영역은 2.7%p로 커뮤니티 이용이다.
⑤ 40대는 다른 영역과 달리 댓글 달기 활동에서는 다른 연령대보다 높은 참여율을 보이고 있다.

14 　　　　　　　　　　　정답 ④

미국의 점수 총합은 $4.2+1.9+5.0+4.3=15.4$점으로, 프랑스의 총점인 $5.0+2.8+3.4+3.7=14.9$점보다 높다.

① 기술력 분야에서는 프랑스가 가장 높다.
② 성장성 분야에서 점수가 가장 높은 국가는 한국이고, 시장지배력 분야에서 점수가 가장 높은 국가는 미국이다.
③ 브랜드파워 분야에서 각국 점수 중 최댓값과 최솟값의 차이는 $4.3-1.1=3.2$점이다.
⑤ 시장지배력 분야의 점수는 일본이 1.7점으로, 3.4점인 프랑스보다 낮다.

15 　　　　　　　　　　　정답 ④

(A) 중요성 : 매출 / 이익 기여도, 지속성 / 파급성, 고객만족도 향상, 경쟁사와의 차별화 등
(B) 긴급성 : 달성의 긴급도, 달성에 필요한 시간 등
(C) 용이성 : 실시상의 난이도, 필요 자원의 적정성 등

16 　　　　　　　　　　　정답 ③

첫 번째 조건에 따라 주거복지기획부가 반드시 참석해야 하므로 네 번째 조건의 대우에 의해 산업경제사업부는 참석하지 않는다. 다섯 번째 조건에 따라 두 경우로 나타내면 다음과 같다.
• 노사협력부가 참석하는 경우 : 세 번째 조건의 대우에 따라 인재관리부는 참석하지 않으며, 다섯 번째 조건에 따라 공유재산관리부도 불참하고, 공유재산개발부는 참석할 수도 있고 참석하지 않을 수도 있다. 즉, 주거복지기획부, 노사협력부, 공유재산개발부가 주간 회의에 참석할 수 있다.
• 공유재산관리부가 참석하는 경우 : 두 번째 조건에 따라 공유재산개발부도 참석하며, 다섯 번째 조건에 따라 노사협력부는 참석하지 않고, 인재관리부는 참석할 수도 있고 참석하지 않을 수도 있다. 즉, 주거복지기획부, 공유재산관리부, 공유재산개발부, 인재관리부가 주간 회의에 참석할 수 있다.
따라서 이번 주 주간 회의에 참석할 부서의 최대 수는 4개이다.

17 　　　　　　　　　　　정답 ②

주어진 조건을 표로 정리하면 다음과 같다.

구분	아침	점심	저녁
A학생	된장찌개	김치찌개	김치찌개
B학생	된장찌개	김치찌개	김치찌개
C학생	된장찌개	된장찌개	김치찌개
D학생	김치찌개	된장찌개	된장찌개
E학생	김치찌개	된장찌개	된장찌개
F학생	김치찌개	김치찌개	된장찌개

따라서 김치찌개는 총 9그릇이 필요하다.

18 　　　　　　　　　　　정답 ④

E가 수요일에 봉사를 간다면 A는 화요일(바), C는 월요일(다)에 가고, B와 D는 평일에 봉사를 가므로(라) 토요일에 봉사를 가는 사람은 없다.

① B가 화요일에 봉사를 간다면 A는 월요일에 봉사를 가고(나) C는 수요일이나 금요일에 봉사를 가므로(다, 마) 토요일에 봉사를 가는 사람은 없다.
② D가 금요일에 봉사를 간다면 C는 수요일과 목요일에 봉사를 갈 수 없으므로(다, 마) 월요일이나 화요일에 봉사를 간다.
③ D가 A보다 봉사를 빨리 가면 D는 월요일, A는 화요일에 봉사를 가므로(바) C는 수요일이나 금요일에 봉사를 가게 된다(다, 마). C가 수요일에 봉사를 가면 E는 금요일에 봉사를 가게 되므로 B는 금요일에 봉사를 가지 않는다.
⑤ C가 A보다 빨리 봉사를 간다면 D는 목요일이나 금요일에 봉사를 간다(다, 라, 바).

19 　　　　　　　　　　　정답 ③

ㄴ. 어떤 기계를 선택해야 비용을 최소화할 수 있는지에 대해 고려하고 있는 문제이므로 옳은 설명이다.
ㄷ. • A기계를 선택하는 경우
　　－ (비용)＝(임금)＋(임대료)＝$(8,000×10)+10,000$
　　　＝90,000원
　　－ (이윤) : $100,000-90,000=10,000$원
　　• B기계를 선택하는 경우
　　－ (비용)＝(임금)＋(임대료)＝$(7,000×8)+20,000$
　　　＝76,000원
　　－ (이윤) : $100,000-76,000=24,000$원
따라서 합리적인 선택을 하는 경우는 B기계를 선택하는 경우로, 24,000원의 이윤이 발생한다.

ㄱ. B기계를 선택하는 경우가 A기계를 선택하는 경우보다 14,000원(＝$24,000-10,000$)의 이윤이 더 발생한다.
ㄹ. A기계를 선택하는 경우 비용은 90,000원이다.

20

정답 ③

2명이 선발되었다고 하였으므로, 주어진 조건을 이용해 선발된 두 명을 가정하고 판단해 본다. 첫 번째와 두 번째 조건을 참이라고 가정하면 C와 D 2명을 특정할 수 있다. 이때, 나머지 조건 중 네 번째와 다섯 번째 조건이 거짓이 되므로 세 명의 조건만 옳다는 조건을 만족한다. 따라서 C와 D가 선발되었다.

오답분석

① A가 선발되었을 경우 첫 번째, 다섯 번째 조건이 거짓이 되므로 두 번째 ~ 네 번째 조건은 모두 참이어야 한다. A를 제외한 B ~ G 6명 중 두 번째 조건을 만족시키기 위해서는 B, C, D 중 선발되어야 한다. 세 번째 조건을 만족시키기 위해서는 C가 선발되어야 하는데, 이 경우 네 번째 조건이 거짓이 된다.

② B가 선발되었을 경우 첫 번째 조건이 거짓이 된다. A, C, D, E, F, G 여섯 명 중 A가 선발될 경우 네 번째, 다섯 번째 조건, C가 선발될 경우 네 번째, 다섯 번째 조건, D가 선발될 경우 세 번째 ~ 다섯 번째 조건, E와 F가 선발될 경우 두 번째, 세 번째 조건, F가 선발될 경우 두 번째, 세 번째 조건, G가 선발될 경우 두 번째, 다섯 번째 조건이 거짓이 된다.

④ E가 선발되었을 경우 두 번째 조건이 거짓이 된다. A, B, C, D, F, G 여섯 명 중 A가 선발될 경우 첫 번째, 세 번째, 다섯 번째 조건이 거짓이 된다. B가 선발될 경우 첫 번째, 세 번째 조건이 거짓이 된다. C가 선발될 경우 나머지 조건이 모두 참이 된다. D가 선발될 경우 세 번째, 다섯 번째 조건이 거짓이 된다. F가 선발될 경우 세 번째 ~ 다섯 번째 조건이 거짓이 된다. G가 선발될 경우 첫 번째, 네 번째, 다섯 번째 조건이 거짓이 된다.

⑤ G가 선발되었을 경우 첫 번째, 두 번째, 다섯 번째 조건이 거짓이 된다.

21

정답 ②

제시문에서 옵트인 방식은 수신 동의 과정에서 발송자와 수신자 모두에게 비용이 발생한다고 했으므로 수신자의 경제적 손실을 막을 수 있다는 ②의 내용은 적절하지 않다.

22

정답 ①

제시문의 요지, 즉 핵심은 '진실 보도를 위하여 구속과 억압의 논리로부터 자유로워야 한다.'는 ①로 볼 수 있다. ②·③·④는 ①의 주장을 드러내기 위해 현재의 상황을 서술한 내용이며, ⑤는 제시문의 내용으로 적절하지 않다.

23

정답 ①

제시문에서는 광고를 단순히 상품 판매 도구로만 보지 않고, 문화적 차원에서 소비자와 상품 사이에 일어나는 일종의 담론으로 해석하여 광고라는 대상을 새로운 시각으로 바라보고 있다.

24

정답 ④

644와 476을 소인수분해하면 다음과 같다.

- $644=2^2\times7\times23$
- $476=2^2\times7\times17$

즉, 644와 476의 최대공약수는 $2^2\times7=28$이다.

이때 직사각형의 가로에 설치할 수 있는 조명의 개수를 구하면 $644\div28+1=23+1=24$개이고, 직사각형의 세로에 설치할 수 있는 조명의 개수를 구하면 $476\div28+1=17+1=18$개이다.

따라서 조명의 최소 설치 개수를 구하면 $(24+18)\times2-4=84-4=80$개이다.

25

정답 ①

올라갈 때와 내려올 때 걸린 시간이 같으므로 올라갈 때와 내려올 때 각각 3시간이 걸렸음을 알 수 있다.

올라갈 때와 내려올 때의 이동거리는 각각 $3a$km, $3b$km이고, 내려올 때의 이동거리가 3km 더 길므로 다음과 같다.

$3a+3=3b \rightarrow b=a+1$

즉, 내려올 때의 속력을 a에 대한 식으로 나타내면 $(a+1)$km/h이다.

26

정답 ③

- 1인 1일 사용량에서 영업용 사용량이 차지하는 비중

  : $\frac{80}{282}\times100 \fallingdotseq 28.37\%$

- 1인 1일 가정용 사용량의 하위 두 항목이 차지하는 비중

  : $\frac{20+13}{180}\times100 \fallingdotseq 18.33\%$

27

정답 ②

ㄱ. 한류의 영향으로 한국 제품을 선호하므로 한류 배우를 모델로 하여 적극적인 홍보 전략을 추진한다.

ㄷ. 빠른 제품 개발 시스템이 있기 때문에 소비자 기호를 빠르게 분석하여 제품 생산에 반영한다.

오답분석

ㄴ. 인건비 상승과 외국산 저가 제품 공세 강화로 인해 적절한 대응이라고 볼 수 없다.

ㄹ. 선진국은 기술 보호주의를 강화하고 있으므로 적절한 대응이라고 볼 수 없다.

28

정답 ⑤

홍보팀장의 요청에 따라 인지도가 높으면서도 자사와 연관될 수 있는 캐릭터를 활용하여 홍보 전략을 세워야 하므로 대중적으로 저금통의 이미지를 상징하는 돼지 캐릭터와 자사의 마스코트인 소를 캐릭터로 함께 사용하는 홍보 방안이 가장 적절하다.

29

정답 ②

첫 번째, 네 번째 조건을 이용하면 '미국 – 일본 – 캐나다' 순서로 여행한 사람의 수가 많음을 알 수 있다.

두 번째 조건에 의해 일본을 여행한 사람은 미국 또는 캐나다 여행을 했다. 따라서 일본을 여행했지만 미국을 여행하지 않은 사람은 캐나다 여행을 했고, 세 번째 조건에 의해 중국을 여행하지 않았음을 알 수 있다.

오답분석

①·④·⑤ 주어진 조건만으로는 알 수 없다.

③ 미국을 여행한 사람의 수가 가장 많지만, 일본과 중국을 여행한 사람의 수를 합한 것보다 많은지는 알 수 없다.

30

정답 ②

두 번째, 세 번째 조건에서 A는 가위를 내지 않았고 B는 바위를 내지 않았으므로 A가 바위를 내고 B가 가위를 낸 경우, A가 바위를 내고 B가 보를 낸 경우, A가 보를 내고 B가 가위를 낸 경우, A와 B가 둘 다 보를 낸 경우 총 4가지로 나누어 따져보면 다음과 같다.

구분	A	B	C	D	E	F
경우 1	바위	가위	바위	가위	바위	보
경우 2	바위	보	바위	보	가위	보
경우 3	보	가위	보	가위	바위	가위
경우 4	보	보	보	보	가위	가위

따라서 A와 B가 모두 보를 낸 경우에만 모든 조건을 만족하므로, E와 F가 이기고 나머지는 졌다.

31

정답 ②

Why(왜)는 목적을 의미한다. ②는 강연 목적으로 적절하다.

오답분석

① Why(왜)에 해당한다.

③ When(언제)에 해당한다.

④ Who(누가)에 해당한다.

⑤ Where(어디서)에 해당한다.

32

정답 ①

①은 예산(금액, 인력, 시간, 시설자원 등)을 나타내는 내용과 가깝다. 따라서 How Much(얼마나)에 적합한 내용으로 볼 수 있다.

33

정답 ⑤

⑤는 그리드 컴퓨팅에 대한 설명이다. 클라우드 컴퓨팅은 웹, 애플리케이션 등 범용적인 용도로 사용된다.

클라우드 컴퓨팅의 특징

- 가상화와 분산처리 기술을 기반으로 한다.
- 컨테이너(Container) 방식으로 서버를 가상화한다.
- 서비스 유형에 따라 IaaS, PaaS, SaaS로 분류한다.
- 인터넷을 통해서 IT 리소스를 임대하고 사용한 만큼 비용을 지불한다.
- 공개 범위에 따라 퍼블릭 클라우드, 프라이빗 클라우드, 하이브리드 클라우드로 분류한다.

34

정답 ②

'$'가 붙으면 절대참조로 위치가 변하지 않고, 붙지 않으면 상대참조로 위치가 변한다. 「$A$1」은 무조건 [A1] 위치로 고정이며, 「$A2」는 [A] 열은 고정이지만 행은 변한다는 것을 의미한다. [A7] 셀을 복사했을 때 열이 오른쪽으로 2칸 움직였지만 고정이기에 의미는 없고, 행이 7에서 8로 1행만큼 이동하였기 때문에 [A1]+[A3]의 값이 [C8] 셀이 된다. 따라서 1+3=4이다.

35

정답 ④

RANK 함수에서 0은 내림차순, 1은 오름차순이다. 따라서 [F8] 셀의 '=RANK(D8,D4:D8,0)' 함수의 결괏값은 4이다.

36

정답 ④

㉠에 들어갈 내용은 '여러 개의 연관된 파일'이며, ㉡에 들어갈 내용은 '한 번에 한 개의 파일'이다.

37

정답 ③

박부장과 김사원은 온라인상에서 이용자들이 인적 네트워크를 형성할 수 있게 해주는 서비스인 SNS에 대해 대화하고 있다.

오답분석

① 웹하드 : 웹 서버에 대용량의 저장 기능을 갖추고 사용자가 개인용 컴퓨터(PC)의 하드디스크와 같은 기능을 인터넷을 통하여 이용할 수 있게 하는 서비스를 뜻한다.

② 클라우드 컴퓨팅 : 별도의 데이터 센터 없이 인터넷을 통해 제공되는 서버를 활용해 정보를 보관하고 있다가 필요할 때 꺼내 쓰는 기술이다.

④ 메신저 : 인터넷에서 실시간으로 메시지와 데이터를 주고받을 수 있는 소프트웨어이다.

⑤ 전자상거래 : 인터넷이라는 전자 매체를 통하여 상품을 사고팔거나, 재화나 용역을 거래하는 사이버 비즈니스를 뜻한다.

38
정답 ④

통합형 검색 방식은 사용자가 입력한 검색어들을 연계된 다른 검색 엔진에 보내고, 이를 통해 얻은 검색 결과를 사용자에게 보여주는 방식이다.

오답분석
① 키워드 검색 방식 : 찾고자 하는 정보와 관련된 핵심 키워드를 직접 입력해 검색엔진에 보내면 검색엔진이 키워드와 관련된 정보를 찾는 방식으로, 키워드만 입력하면 되기 때문에 검색이 간단하나, 키워드가 불명확하게 입력될 경우 검색 결과가 지나치게 많아 비효율적인 검색이 될 수 있다.
② 주제별 검색 방식 : 인터넷상에 존재하는 웹 문서들을 주제별·계층별로 정리하여 데이터베이스를 구축한 후 이용하는 방식이다.
③ 자연어 검색 방식 : 검색엔진에서 문장형 질의어의 형태소를 분석해 5W2H를 읽어내고, 각 질문에 답이 들어있는 사이트를 연결해 주는 방식이다.
⑤ 메뉴 검색 방식 : 웹 디렉토리 방식으로서 나열되어 있는 분류 항목 중 가장 가까운 항목을 선택하여 따라가는 방식으로, 매우 쉽고 간단하다.

39
정답 ①

쿠키는 웹에 접속할 때 자동적으로 만들어지는 임시 파일로, 이용자의 ID, 비밀번호 등의 정보가 담겨 있다. 특정 웹사이트에서는 사용자 컴퓨터의 정보 수집을 위해 사용되며, 해당 업체의 마케팅에 도움이 되지만 개인 정보의 침해 소지가 있다. 따라서 주기적으로 삭제하는 것이 개인 정보가 유출되지 않도록 하는 방법이다.

40
정답 ①

오답분석
② [D3] : =MID(B3,3,2)
③ [E7] : =RIGHT(B7,2)
④ [D8] : =MID(B8,3,2)
⑤ [E4] : =MID(B4,5,2)

41
정답 ④

조직의 구조·기능·규정 등이 조직화되어 있는 것은 공식조직이며, 비공식조직은 개인들의 협동과 상호작용에 따라 형성된 자발적인 집단으로 볼 수 있다. 공식조직은 인간관계에 따라 형성된 비공식조직으로부터 시작되지만, 조직의 규모가 커지면서 점차 조직 구성원들의 행동을 통제할 장치를 마련하게 되고, 이를 통해 공식화된다.

42
정답 ⑤

비영리조직은 공익을 추구하는 특징을 가진다. 대기업은 이윤을 목적으로 하는 영리조직이다.

43
정답 ④

제시된 분장 업무는 영리를 목적으로 하는 영업과 관련된 업무로 볼 수 있다. 따라서 영업부가 가장 적절하다.

오답분석
① 총무부 : 전체적이며 일반적인 행정 실무를 맡아보는 부서로, 분장 업무로는 문서 및 직인 관리, 주주총회 및 이사회 개최 관련 업무, 의전 및 비서 업무, 사무실 임차 및 관리, 사내외 행사 관련 업무, 복리후생 업무 등을 담당한다.
② 인사부 : 구성원들의 인사·상벌·승진 등의 일을 맡아보는 부서로, 분장 업무로는 조직 기구의 개편 및 조정, 업무 분장 및 조정, 인력수급 계획 및 관리, 노사 관리, 상벌 관리, 인사 발령, 평가 관리, 퇴직 관리 등을 담당한다.
③ 기획부 : 조직의 업무를 계획하여 일을 맡아보는 부서로, 분장 업무로는 경영 계획 및 전략 수립·조정, 전사기획업무 종합 및 조정, 경영 정보 조사 및 기획 보고, 종합예산 수립 및 실적 관리, 사업 계획, 손익 추정, 실적 관리 및 분석 등을 담당한다.
⑤ 자재부 : 필요한 재료를 구입하고 마련하는 일을 맡아보는 부서로, 구매계획 및 구매예산의 편성, 시장조사 및 구입처 조사 검토, 견적의뢰 및 검토, 구입계약 및 발주, 재고조사 및 재고 통제, 보관 및 창고 관리 등의 업무를 담당한다.

44
정답 ③

오답분석
㉠ 미국 바이어와 악수할 때 눈이나 얼굴을 보는 것은 좋은 행동이지만, 손끝만 살짝 잡아서는 안 되며, 오른손으로 상대방의 오른손을 잠시 힘주어서 잡아야 한다.
㉡ 이라크 사람들은 시간 약속을 할 때 정각에 나오는 법이 없으며 상대방이 으레 기다려 줄 것으로 생각하므로 좀 더 여유를 가지고 기다리는 인내심이 필요하다.
㉢ 수프를 먹을 때는 몸 쪽에서 바깥쪽으로 숟가락을 사용한다.
㉣ 빵은 수프를 먹고 난 후부터 디저트를 먹을 때까지 먹는다.

45
정답 ②

프랑스는 격식을 중요하게 생각하므로 공공기관을 방문할 때에도 정장 차림을 갖추는 것이 좋다.

오답분석
① 프랑스인들은 신뢰가 쌓이기 전까지는 거래를 꺼리는 보수적인 성향이 여전히 있고, 빠른 결정을 내리도록 강요받는 것을 원치 않으므로 인내를 가지고 위협적이거나 집요하지 않게 장기적으로 신뢰를 형성하는 비즈니스 매너를 갖추어야 한다.
③ 어느 나라 사람이라도 본인에게 집중하지 않는 것을 좋아할 수는 없다.
④ 프랑스에서는 식사 시 격식을 차린 코스 요리를 몇 시간씩 대화를 나누며 즐기므로 조급해하지 말고 즐기며 여유를 갖도록 한다.
⑤ 프랑스식 식사는 격식을 차린 코스 요리로 준비할 것도 많으므로 약속 시간보다 조금 늦게 도착하도록 한다.

46

정답 ④

프랑스는 격식을 차린 코스 요리를 주로 식사하고, 식사 시간에 침묵하는 것은 예의가 아니라고 생각하여 대화하면서 와인과 식사를 즐기기 때문에 식사 시간이 긴 것이 특징이다.

47

정답 ③

프랑스에서는 약속을 중시하기 때문에 시간 변경이나 취소는 무례한 행위로 여긴다.

오답분석

① 미국에서는 악수할 때 손끝만 잡으면 예의에 어긋난다고 생각하나, 프랑스에서는 상대방의 손을 가볍게 잡고 한두 번만 빠르게 흔들며 인사한다.
② 프랑스인들은 빠른 결정을 내리도록 강요받는 것을 원치 않는 성향이 강해서 식사 시에도 비즈니스 대화는 디저트가 제공된 후에 하는 것이 좋으며, 주로 호스트가 먼저 이야기를 꺼내도록 하는 것이 바람직하다. 그러므로 프랑스 바이어들을 상대할 때에는 위협적이거나 집요하지 않도록 하며 인내와 여유를 갖고 임한다.
④ 프랑스에서는 대화 중 상대방의 말을 끊고 개입을 하는 것을 상대방에 대한 흥미의 표현이라 여기기 때문에 궁금하거나 이야기하고 싶은 것이 있을 때는 바로 적극적으로 표현해도 괜찮다.
⑤ 프랑스식 식사는 격식을 차려서 준비할 것도 많으므로 약속 시간에 조금 늦게 도착하도록 한다.

48

정답 ①

사무인수인계는 문서에 의함을 원칙으로 하나, 기밀에 속하는 사항은 구두 또는 별책으로 인수인계할 수 있도록 한다.

49

정답 ②

매트릭스 구조는 특정 사업 수행을 위한 것으로, 해당 분야의 전문성을 지닌 직원들이 본연의 업무와 특정 사업을 동시에 수행하는 '투잡(Two-Job)' 형태로 운영될 수 있으며, 두 명 이상의 책임자들로부터 명령을 받는다고 하여 이중지휘 시스템이라고도 한다.

50

정답 ①

매트릭스 구조의 성공 여부는 이 조직에 관여하는 관리자들의 양보와 타협, 협동에 달려 있으므로 리더들의 사고 혁신이 전제가 되어야 한다. 매트릭스 조직 운영은 난이도가 높기에 걸맞은 기업 문화와 인사 제도, 성과 측정, 전략 수립 수단이 필요하며 매트릭스 최하단에 놓인 직원의 적절한 업무로드 배분을 감안해야 한다. 또한 함께 달성할 가치나 목표가 뚜렷해야 구성원들의 협력 의지를 동기부여시킬 수 있고 기능 간에 커뮤니케이션과 정보 공유가 원활해지므로, 공동 목표를 명확히 설정하고 공유해야 한다. 이러한 조직의 전체적인 변화와 혁신을 일으키지 않으면 어설픈 관료제의 중첩이라는 위험에 빠지게 될 가능성이 높다.

3일 차 기출응용 모의고사 정답 및 해설

01	02	03	04	05	06	07	08	09	10
③	③	⑤	③	②	②	④	①	③	④
11	12	13	14	15	16	17	18	19	20
①	②	③	④	⑤	②	③	③	②	③
21	22	23	24	25	26	27	28	29	30
④	③	①	①	②	②	②	④	④	②
31	32	33	34	35	36	37	38	39	40
②	④	②	③	②	③	④	④	②	②
41	42	43	44	45	46	47	48	49	50
③	②	④	③	①	③	④	④	④	②

01 　정답 ③

피드백의 효과를 극대화하려면 즉각적(㉠)이고, 정직(㉡)하고 지지(㉢)하는 자세여야 한다.
- ㉠ 즉각적 : 시간을 낭비하지 않는 것이다. 다시 말하기를 통해 상대방의 말을 이해했다고 생각하자마자 명료화하고, 바로 피드백을 주는 것이 좋다. 시간이 갈수록 영향력은 줄어든다.
- ㉡ 정직 : 진정한 반응뿐만 아니라 조정하고자 하는 마음, 또는 보이고 싶지 않은 부정적인 느낌까지 보여주어야 한다.
- ㉢ 지지 : 정직하다고 해서 잔인해서는 안 된다. 부정적인 의견을 표현할 때도 상대방의 자존심을 상하게 하거나 약점을 이용하거나 위협적인 표현 방법을 택하는 대신에 부드럽게 표현하는 방법을 발견할 필요가 있다.

02 　정답 ③

'시점의 해방'은 인물이나 사건의 변화에 따른 시점의 변화를 의미하는데, 에베레스트를 항공 촬영한 것은 시점의 변화라 보기 어렵다.

03 　정답 ⑤

대주가 계약기간이 만료된 뒤 자신의 권리를 이행할 때, 차주는 대주에게 손해를 보장받을 수 없다. 권리금은 전차주와 차주 사이에서 발생한 관행상의 금전으로 법률을 통해 보호받을 수 없으며, 대주는 권리금과 직접적으로 연관되지 않으므로 해당 금액을 지불할 책임 또한 지지 않는다.

오답분석
① 2001년에 상가건물 임대차보호법이 지정되기 전에 대주의 횡포에 대한 차주의 보호가 이루어지지 않았으므로 현재는 보호받을 수 있다는 것을 알 수 있다.
② 권리금은 본래 상대적 약자인 차주가 스스로의 권리를 지키기 위하여 이용하는 일종의 관습으로 평가받고 있다.
③ 권리금은 전차주가 차주에게 권리를 보장받는 관행상의 금전으로, 장기적으로 차주가 상가를 다음 차주에게 이양할 경우 전차주로서 권리금을 요구할 수 있다. 대주는 임차료 외의 권리금과는 관련이 없다.
④ 상대적으로 적은 권리금을 지불하고 높은 매출을 기록했을 때, 직접적인 이득을 보는 사람은 새로운 차주이다. 권리금은 전차주가 해당 임대상가에 투자한 것에 대한 유무형의 대가를 차주가 고스란히 물려받는 경우, 가치가 포함된 일종의 이용 대가이기 때문이다.

04 　정답 ③

'정부에서 고창 갯벌을 습지보호지역으로 지정 고시한 사실을 알리는 (나) → 고창 갯벌의 상황을 밝히는 (가) → 습지보호지역으로 지정 고시된 이후에 달라진 내용을 언급하는 (라) → 앞으로의 계획을 밝히는 (다)' 순서가 적절하다.

05 　정답 ②

제시문은 텔레비전의 언어가 개인의 언어 습관에 미치는 악영향을 경계하면서, 올바른 언어 습관을 길들이기 위해 문학 작품의 독서를 강조하고 있다.

06 　정답 ②

제시문은 낙수 이론에 대해 설명하고, 그 실증적 효과를 논한 후에 비판을 제기하고 있다. 따라서 일반론에 이은 효과를 설명하는 (가)가 바로 다음에, 비판을 시작하는 (나)가 그 뒤에 와야 한다. (라)에는 '제일 많이'라는 수식어가 있고, (다)에는 '또한 제기된다.'라고 명시되어 있어 (라)가 (다) 앞에 오는 것이 글의 구조상 적절하다.

07

㉣의 앞쪽에 제시된 술탄 메흐메드 2세의 행적을 살펴보면 성소피아 대성당으로 가서 성당을 파괴하는 대신 이슬람 사원으로 개조하였고, 그리스 정교회 수사에게 총대주교직을 수여하는 등 '역대 비잔틴 황제들이 제정한 법을 그가 주도하고 있던 법제화의 모델로 이용하였던 것'으로 보아 '단절을 추구하는 것'이 아니라 '연속성을 추구하는 것'으로 고치는 것이 적절하다.

08
정답 ①

길이가 6km인 터널을 150m 길이의 A열차와 200m 길이의 B열차가 완전히 빠져나올 때까지 움직이는 거리는 열차의 길이까지 합하여 각각 6,150m, 6,200m이다. B열차가 완전히 빠져나오는 시간을 x초, 속력을 bm/s라고 하면 A열차는 B열차보다 10초 늦게 빠져나오므로 $(x+10)$초, 속력은 B열차보다 1분당 3km가 더 느리므로 $(b-50)$m/s이다$\left(3\text{km/분}=\dfrac{3,000m}{60s}=50\text{m/s}\right)$.

'(거리)=(속력)×(시간)'을 이용하여 A열차와 B열차가 움직인 거리에 관한 방정식을 각각 세우면 다음과 같다.

$(b-50)\times(x+10)=6,150$

$bx+10b-50x-500=6,150$ ··· ㉠

$bx=6,200 \rightarrow x=\dfrac{6,200}{b}$ ··· ㉡

㉡을 ㉠에 대입하여 B열차의 속력 b를 구하면

$bx+10b-50x-500=6,150$

$\rightarrow b\times\dfrac{6,200}{b}+10b-50\times\dfrac{6,200}{b}-500=6,150$

$\rightarrow 6,200+10b-\dfrac{50\times6,200}{b}-500=6,150$

$\rightarrow 10b-\dfrac{50\times6,200}{b}-450=0$

$\rightarrow 10b^2-450b-50\times6,200=0$

$\rightarrow b^2-45b-5\times6,200=0$

$\rightarrow (b-200)(b+155)=0$

$\therefore b=200$

따라서 B열차의 속력은 200m/s이다. 구하고자 하는 값은 터널 안에서 A열차가 B열차를 마주친 순간부터 B열차를 완전히 지나가는 필요한 시간이고, 두 열차가 반대 방향으로 터널을 지나가고 있기 때문에 A열차가 B열차를 지나가는 속력은 두 열차의 속력의 합과 같고 거리도 두 열차의 길이 합과 같다.

따라서 필요한 시간은 $\dfrac{150+200}{b+b-50}=\dfrac{350}{2b-50}=\dfrac{350}{2\times200-50}=$ 1초이다.

09
정답 ③

깃발은 2개이고, 깃발을 5번 들어서 표시할 수 있는 신호의 개수는 $2\times2\times2\times2\times2=32$가지이다. 여기서 5번 모두 흰색 깃발만 사용하거나 검은색 깃발만 사용하는 경우의 수 2가지를 빼면 32-2=30가지이다.

10
정답 ④

- 볼펜을 30자루 구매하면 개당 200원씩 할인되므로 $800\times30=$ 24,000원이다.
- 수정테이프를 8개 구매하면 $2,500\times8=20,000$원이지만, 10개를 구매하면 1개당 1,000원이 할인되어 $1,500\times10=15,000$원이므로 10개를 구매하는 것이 더 저렴하다.
- 연필을 20자루 구매하면 연필 가격의 25%가 할인되므로 $400\times 20\times0.75=6,000$원이다.
- 지우개를 5개 구매하면 $300\times5=1,500$원이며 지우개에 대한 할인은 적용되지 않는다.

따라서 총금액은 24,000+15,000+6,000+1,500=46,500원이고 3만 원을 초과했으므로 10% 할인이 적용되어 $46,500\times0.9$ =41,850원이다. 또한 할인 적용 전 금액이 5만 원 이하이므로 배송료 5,000원이 추가로 부과되어 41,850+5,000=46,850원이 된다. 그런데 만약 비품을 3,600원어치 추가로 주문하게 되면 46,500+3,600=50,100원이므로 할인 적용 전 금액이 5만 원을 초과하여 배송료가 무료가 되고, 총금액이 3만 원을 초과했으므로 지불할 금액은 10% 할인이 적용된 $50,100\times0.9=45,090$원이 된다. 따라서 지불 가능한 가장 저렴한 금액은 45,090원이다.

11
정답 ①

10시 10분일 때 시침과 분침의 각도를 구하면 다음과 같다.
- 10시 10분일 때 12시 정각에서부터 시침의 각도
  : $30°\times10+0.5°\times10=305°$
- 10시 10분일 때 12시 정각에서부터 분침의 각도
  : $6°\times10=60°$

따라서 시침과 분침이 이루는 작은 쪽의 각도는 $(360-305)°+60°$ =115°이다.

12
정답 ②

2024년 1위 흑자국 중국의 흑자액은 10위 흑자국 인도 흑자액의 $\dfrac{47,779}{4,793}≒9.97$배이므로 10배 미만이다.

오답분석

① 2022년부터 2024년까지 폴란드를 제외한 9개국은 모두 흑자국에 2번 이상을 포함된 것을 확인할 수 있다.

③ 싱가포르의 2022년 대비 2024년의 흑자액은 $\dfrac{11,890}{5,745}≒2.07$ 배이므로 옳은 설명이다.

④ 2022년 대비 2024년 베트남의 흑자 증가율은 $\dfrac{8,466-4,780}{4,780}$ $\times100≒77.1\%$p이므로 가장 높다.

⑤ 조사기간 동안 싱가포르와 베트남만이 매년 순위가 상승했다.

13
정답 ③

2015 ~ 2024년 평균 부채 비율은 $(61.6+100.4+86.5+80.6+79.9+89.3+113.1+150.6+149.7+135.3) \div 10 = 104.7\%$이므로 10년간의 평균 부채 비율은 90% 이상이다.

오답분석

① 2018년 대비 2019년 자본금 증가폭은 $33,560-26,278=7,282$억 원으로, 2016 ~ 2024년 중 자본금의 변화가 가장 컸다.

② 전년 대비 부채 비율이 증가한 해는 2016년, 2020년, 2021년, 2022년이므로 연도별 부채 비율 증가폭을 계산하면 다음과 같다.
- 2016년 : $100.4-61.6=38.8\%$p
- 2020년 : $89.3-79.9=9.4\%$p
- 2021년 : $113.1-89.3=23.8\%$p
- 2022년 : $150.6-113.1=37.5\%$p

따라서 부채 비율이 전년 대비 가장 많이 증가한 해는 2016년이다.

④ 2024년의 자산과 자본은 10년 중 가장 많았지만, 그만큼 부채도 가장 많은 것을 확인할 수 있다.

⑤ K기업의 자산과 부채는 2017년부터 8년간 꾸준히 증가한 것을 확인할 수 있다.

14
정답 ④

㉠ 제시된 자료를 통해 확인할 수 있다.

㉢ • 백화점의 디지털기기 판매수수료율 : 11.0%
   • TV홈쇼핑의 디지털기기 판매수수료율 : 21.9%

㉣ TV홈쇼핑 판매수수료율 순위 자료를 보면 여행패키지의 판매수수료율은 8.4%이다. 반면, 백화점 판매수수료율 순위 자료에 여행패키지 판매수수료율이 제시되지 않았지만 상위 5위와 하위 5위의 판매수수료율을 통해 여행패키지 판매수수료율은 20.8%보다 높고 31.1%보다 낮다는 것을 추론할 수 있다. 즉, $8.4 \times 2 = 16.8 < 20.8$이므로 여행패키지 상품군의 판매수수료율은 백화점이 TV홈쇼핑의 2배 이상이라는 설명은 옳다.

오답분석

㉡ 백화점 판매수수료율 순위 자료를 보면 여성정장과 모피의 판매수수료율은 각각 31.7%, 31.1%이다. 반면, TV홈쇼핑 판매수수료율 순위 자료에는 여성정장과 모피의 판매수수료율이 제시되지 않았다. 상위 5위와 하위 5위의 판매수수료율을 통해 제시되지 않은 상품군의 판매수수료율은 28.7%보다 높고 36.8%보다 낮다는 것을 추측할 수 있다. 즉, TV홈쇼핑의 여성정장과 모피의 판매수수료율이 백화점보다 높은지 낮은지 판단할 수 없다.

15
정답 ⑤

㉢에는 약점을 보완하여 위협에 대비하는 WT전략이 들어가야 한다. ⑤의 전략은 풍부한 자본, 안정적 경영 상태라는 강점을 이용하여 위협에 대비하는 ST전략이다.

오답분석

① ㉠(WO전략) : 테크핀 기업과의 협업 기회를 통해 경영 방식을 배워 시중은행의 저조한 디지털 전환 적응력을 개선하려는 것이므로 옳은 전략이다.

② ㉠(WO전략) : 테크핀 기업과 협업을 하며, 이러한 혁신기업의 특성을 파악해 발굴하고 적극적으로 대출을 운영함으로써 전당포식의 소극적인 대출 운영이라는 약점을 보완할 수 있다는 것으로 적절한 전략이다.

③ ㉡(ST전략) : 오프라인 인프라가 풍부하다는 강점을 이용하여, 점유율을 높이고 있는 기업들에 대해 점유율 방어를 하고자 하는 전략이므로 적절하다.

④ ㉢(WT전략) : 디지털 문화에 소극적인 문화를 혁신하여 디지털 전환 속도를 높임으로써 테크핀 및 핀테크 기업의 점유율 잠식으로부터 방어하려는 내용이므로 적절하다.

16
정답 ②

여섯 번째 조건에 의해 E는 1층에서 살고, C가 살 수 있는 층에 따른 A ~ D의 위치는 다음과 같다.
- C가 1층에 살 때
  첫 번째 조건에 의해 C와 E가 같은 층에 살 수 있으며, 다섯 번째 조건에 의해 D는 2층에 산다. 세 번째, 네 번째 조건에 의해 A는 4층에 살고, B는 3층 또는 5층에 산다. 이때, 빈 층은 홀수 번째 층이므로 두 번째 조건을 만족한다.
- C가 2층에 살 때
  다섯 번째 조건에 의해 D는 3층에 살고, 세 번째, 네 번째 조건에 의해 A는 4층에 산다. B는 두 번째 조건에 의해 5층에 살 수 없고, 첫 번째 조건에 의해 B는 1층 또는 3층에 산다.
- C가 3층에 살 때
  다섯 번째 조건에 의해 D는 4층에 살고, 세 번째, 네 번째 조건에 의해 A는 2층에 산다. B는 두 번째 조건에 의해 5층에 살 수 없고, 첫 번째 조건에 의해 B는 1층 또는 3층에 산다.
- C가 4층에 살 때
  일곱 번째 조건에 의해 D는 5층에 살 수 없으므로 불가능하다.

따라서 B가 5층에 산다면 C는 E와 1층에 같이 산다.

오답분석

① A가 2층에 산다면 C는 3층에 산다.

③ C가 2층에 산다면 B와 E는 1층에 같이 살 수 있다.

④ D가 4층에 산다면 B와 C는 3층에 같이 살 수 있다.

⑤ E가 1층에 혼자 산다면 C가 2층에 살 때, 3층에 B와 D가 같이 살 수 있다.

17
정답 ③

문제해결을 위한 방법으로 소프트 어프로치, 하드 어프로치, 퍼실리테이션(Facilitation) 등이 있다. 마케팅 부장은 연구소 소장과 기획팀 부장 사이에서 의사결정에 서로 공감할 수 있도록 도와주는 일을 하고 있다. 또한 상대의 입장에서 공감을 해주며, 서로 타협점을 좁혀 생산적인 결과를 도출할 수 있도록 대화를 하고 있으므로 마케팅 부장은 퍼실리테이션을 취하고 있다.

① 소프트 어프로치 : 대부분의 기업에서 볼 수 있는 전형적인 스타일로 조직 구성원들은 같은 문화적 토양으로 가지고 이심전심으로 서로를 이해하려 하며, 직접적인 표현보다 무언가를 시사하거나 암시를 통한 의사전달로 문제를 해결하는 방법이다.
② 하드 어프로치 : 다른 문화적 토양을 가지고 있는 구성원을 가정하고, 서로의 생각을 직설적으로 주장하며 논쟁이나 협상을 하는 방법으로 사실과 원칙에 근거한 토론이다.
④ 비판적 사고 : 어떤 주제나 주장 등에 대해 적극적으로 분석하고 종합하며 평가하는 능동적인 사고로 어떤 논증, 추론, 증거, 가치를 표현한 사례를 타당한 것으로 받아들일 것인지 결정을 내릴 때 요구되는 사고력이다.
⑤ 창의적 사고 : 당면한 문제를 해결하기 위해 이미 알고 있는 경험과 지식을 해체하여 다시 새로운 정보로 결합함으로써 가치 있고 참신한 아이디어를 산출하는 사고이다.

18

기존 커피믹스가 잘 팔리고 있어 새로운 것에 도전하지 않는 것으로 보인다. 또한 기존에 가지고 있는 커피를 기준으로 틀에 갇혀 블랙커피 커피믹스는 만들기 어렵다는 부정적인 시선으로 보고 있기 때문에 '발상의 전환'이 필요하다.

① 전략적 사고 : 지금 당면하고 있는 문제와 해결 방법에만 국한되어 있지 말고, 상위 시스템 및 다른 문제와 관련이 있는지 생각해 봐야 한다.
② 분석적 사고 : 전체를 각각의 요소로 나누어 그 요소의 의미를 도출한 다음 우선순위를 부여하고 구체적인 문제해결 방법을 실행하는 것이다.
④ 내・외부자원의 효과적 활용 : 문제해결 시 기술・재료・방법・사람 등 필요한 자원 확보 계획을 수립하고, 내・외부자원을 활용하는 것을 말한다.
⑤ 성과지향 사고 : 분석적 사고의 하나로 기대하는 결과를 명시하고, 효과적으로 달성하는 방법을 사전에 구상하고 실행에 옮기는 것이다.

19

김대리가 1박 2일 동안 출장하면서 지불한 비용 중 인정되는 외근 비용은 다음과 같다.
• A호텔 숙박비 : 250,000원
• A호텔 식비 : 15,000+15,000+12,000+15,000=57,000원
• K식당 식비 : 중식 15,000원 기준을 초과하였으므로 인정받을 수 없다.
• 시외버스 비용 : 35,000원
따라서 김대리가 인정받을 수 있는 외근비용 합계는 250,000+57,000+35,000=342,000원이다.

20

증인들의 진술을 표로 정리하면 다음과 같다.

증인	A	B	C	D	E	F	G
1	×	×					×
2					×	×	×
3			○				
4			○	○			
5			○	○			

따라서 주동자는 C, D이다.

21

첫 번째 문장에서 경기적 실업이란 노동에 대한 수요가 감소해 고용량이 줄어들어 발생하는 실업이라고 했으므로, 기업이 생산량을 줄임으로써 노동에 대한 수요가 감소한다는 내용이 와야 한다.

22

제시문은 인간의 질병 구조가 변화하고 있고 우리나라는 고령화 시대를 맞이함에 따라 만성질환이 증가하였으며 이에 따라 간호사가 많이 필요해진 상황에 대해 말하고 있다. 하지만 현재 제도는 간호사를 많이 채용하지 않고 있어 뒤처진 제도에 대한 아쉬움을 언급하고 있다. 따라서 '(나) 변화한 인간의 질병 구조 → (가) 고령화 시대를 맞아 증가한 만성질환 → (다) 간호사가 필요한 현실과는 맞지 않는 고용 상황 → (라) 간호사의 필요성과 뒤처진 의료 제도에 대한 안타까움' 순서로 나열되어야 한다.

23

제시문에서는 냉전의 기원을 서로 다른 관점에서 바라보고 있는 전통주의, 수정주의, 탈수정주의에 대해 각각 설명하고 있다.

② 여러 가지 의견을 제시할 뿐, 어느 의견에 대한 우월성을 논하고 있지는 않다.

24

A소금물과 B소금물의 소금의 양은 각각 $300 \times 0.09 = 27$g, $250 \times 0.112 = 28$g이다. 그리고 C소금물의 농도는 $\frac{27+28}{300+250} \times 100 = \frac{55}{550} \times 100 = 10\%$이다.
소금물을 덜어내도 농도는 변하지 않으므로 C소금물은 $550 \times 0.8 = 440$g이고, 소금의 양은 44g이다.
따라서 소금을 10g 더 추가했을 때의 소금물의 농도는 $\frac{44+10}{440+10} \times 100 = \frac{54}{450} \times 100 = 12\%$이다.

25
정답 ②

매년 A ~ C대학교의 입학자와 졸업자의 차이는 57명으로 일정하다. 따라서 빈칸에 들어갈 값은 514−57=457이다.

26
정답 ②

26 ~ 30세 응답자는 총 51명이다. 그중 4회 이상 방문한 응답자는 5+2=7명이고, 비율은 $\frac{7}{51}\times100≒13.72\%$이므로 10% 이상이다.

오답분석

① 전체 응답자 수는 113명이다. 그중 20 ~ 25세 응답자는 53명이므로, 비율은 $\frac{53}{113}\times100≒46.90\%$가 된다.

③ 주어진 자료만으로는 31 ~ 35세 응답자의 1인당 평균 방문 횟수를 정확히 구할 수 없다. 그 이유는 방문 횟수를 '1회', '2 ~ 3회', '4 ~ 5회', '6회 이상' 등 구간으로 구분했기 때문이다. 다만, 구간별 최솟값으로 평균을 냈을 때, 평균 방문 횟수가 2회 이상이라는 점을 통해 2회 미만이라는 것은 틀렸다는 것을 알 수 있다.

$$[1, 1, 1, 2, 2, 2, 2, 4, 4] \rightarrow (평균)=\frac{19}{9}≒2.11$$

④ 응답자의 직업에서 학생과 공무원 응답자의 수는 51명이다. 즉, 전체 113명의 절반에 미치지 못하므로 비율은 50% 미만이다.

⑤ 주어진 자료만으로 판단할 때, 전문직 응답자 7명 모두 20 ~ 25세일 수 있으므로 비율이 5% 이상이 될 수 있다.

27
정답 ②

고급 포장과 스토리텔링은 모두 수제 초콜릿의 강점에 해당되므로 SWOT 분석에 의한 마케팅 전략으로 볼 수 없다. SO전략과 ST전략으로 보일 수 있으나, 기회를 포착하거나 위협을 회피하는 모습을 보이지 않기에 적절하지 않다.

오답분석

① 값비싼 포장(약점)을 보완하여 좋은 식품에 대한 인기(기회)에 발맞춰 홍보함으로써 WO전략에 해당된다.

③ 수제 초콜릿의 스토리텔링(강점)을 포장에 명시하여 소비자들의 요구를 충족(기회)시키는 SO전략에 해당된다.

④ 수제 초콜릿의 존재를 모르는(약점) 점을 마케팅을 강화하여 대기업과의 경쟁(위협)을 이겨내는 WT전략에 해당된다.

⑤ 수제 초콜릿의 풍부한 맛(강점)을 알리고, 맛을 보기 전에는 알 수 없는 일반 초콜릿과의 차이(위협)도 알리는 ST전략에 해당된다.

28
정답 ④

제시문에 따르면 K부서에 근무하는 신입사원은 단 한 명이며, 신입사원은 단 한 지역의 출장에만 참가한다. 따라서 갑과 단둘이 가는, 한 번의 출장에만 참가하는 을이 신입사원임을 알 수 있다. 이때 네 지역으로 모두 출장을 가는 총괄 직원도 단 한 명뿐이므로 을과 단둘이 출장을 간 갑이 총괄 직원임을 알 수 있다. 또한 신입사원을 제외한 모든 직원은 둘 이상의 지역으로 출장을 가야 하므로 병과 정이 함께 같은 지역으로 출장을 가면 무는 남은 두 지역 모두 출장을 가야 한다. 이때 병과 정 역시 남은 두 지역 중 한 지역으로 각각 출장을 가야 한다. 따라서 다섯 명의 직원이 출장을 가는 경우를 정리하면 다음과 같다.

지역	직원	
	경우 1	경우 2
A	갑, 을	갑, 을
B	갑, 병, 정	갑, 병, 정
C	갑, 병, 무	갑, 정, 무
D	갑, 정, 무	갑, 병, 무

정은 두 곳으로만 출장을 가므로 정이 총 세 곳에 출장을 간다는 ④는 반드시 거짓이 된다.

오답분석

① 갑은 총괄 직원이다.

② 두 명의 직원만이 두 광역시에 모두 출장을 간다고 하였으므로 을의 출장 지역은 광역시에 해당하지 않는다.

③ · ⑤ 위의 표를 통해 확인할 수 있다.

29
정답 ④

주어진 조건을 정리하면 다음과 같은 순서로 위치한다.
초밥 가게−X−카페−X−편의점−약국−옷 가게−신발 가게−X−X
따라서 신발 가게는 8번째 건물에 있다.

오답분석

① 카페와 옷 가게 사이에 3개의 건물이 있다.

② 초밥 가게와 약국 사이에 4개의 건물이 있다.

③ 편의점은 5번째 건물에 있다.

⑤ 옷 가게는 7번째 건물에 있다.

30
정답 ②

주어진 조건을 표로 정리하면 다음과 같다.

구분	아메리카노	카페라테	카푸치노	에스프레소
호동	○	×	×	×
수근				○
지원				×

따라서 호동은 아메리카노를 마신다.

① · ⑤ 주어진 조건만으로는 지원이 마시는 커피를 알 수 없다.
③ 수근은 에스프레소를 마시지만, 지원은 에스프레소를 마시지 않는다.
④ 호동과 수근이 마시는 커피가 다르다고 했으므로 호동은 에스프레소를 마시지 않는다. 또한 주어진 조건에서 카페라테와 카푸치노도 마시지 않는다고 했으므로 호동이 마시는 커피는 아메리카노이다.

31 　　　　　　　정답 ②
㉠ · ㉡ · ㉢ [폴더옵션]의 [일반]탭에서 설정 가능한 항목이다.

㉣ 표준시간대 설정 : [제어판] – [시계 및 국가]에서 설정 가능하다.

32 　　　　　　　정답 ④
랜섬웨어(Ransom Ware)에 감염되면 프로그램과 파일 복구가 어렵다. 따라서 복구 프로그램을 활용하는 것은 주의사항으로 보기 어려우며, '감염이 확인되었다면 정보운영처로 연락해 주십시오.' 등이 주의사항으로 적절하다.

33 　　　　　　　정답 ②
악성코드(Malware)는 악의적인 목적을 위해 만들어져 실행되는 코드를 지칭한다. 자가복제 능력과 감염 유 · 무에 따라 트로이 목마(Trojan Horse), 웜 바이러스(Computer Worm) 등으로 분류되는 악성 프로그램이다.

34 　　　　　　　정답 ③
㉡ 데이터베이스를 이용하면 다량의 데이터를 정렬하여 저장하게 되므로 검색 효율이 개선된다.
㉢ 데이터가 중복되지 않고 한 곳에만 기록되어 있으므로, 오류 발견 시 그 부분만 수정하면 되기 때문에 데이터의 무결성을 높일 수 있다.

㉠ 대부분의 데이터베이스 관리 시스템은 사용자가 정보에 대한 보안등급을 정할 수 있게 한다. 따라서 부서별로 읽기 권한, 읽기와 쓰기 권한 등을 구분해 부여하여 안정성을 높일 수 있다.
㉣ 데이터베이스를 형성하여 중복된 데이터를 제거하면 데이터 유지비를 감축할 수 있다.

35 　　　　　　　정답 ②
ISNONTEXT 함수는 값이 텍스트가 아닐 경우 논리값 'TRUE'를 반환한다. [A2] 셀의 값은 텍스트이므로 결괏값으로 'FALSE'가 산출된다.

① ISNUMBER 함수 : 값이 숫자일 경우 논리값 'TRUE'를 반환한다.
③ ISTEXT 함수 : 값이 텍스트일 경우 논리값 'TRUE'를 반환한다.
④ ISEVEN 함수 : 값이 짝수일 경우 논리값 'TRUE'를 반환한다.
⑤ ISODD 함수 : 값이 홀수일 경우 논리값 'TRUE'를 반환한다.

36 　　　　　　　정답 ③
① 오프라인 시스템 : 컴퓨터가 통신 회선 없이 사람을 통하여 자료를 처리하는 시스템이다.
② 일괄 처리 시스템 : 데이터를 일정량 또는 일정 기간 모아서 한꺼번에 처리하는 시스템이다.
④ 분산 시스템 : 여러 대의 컴퓨터를 통신망으로 연결하여 작업과 자원을 분산시켜 처리하는 시스템이다.
⑤ 실시간 시스템 : 실시간 장치를 시스템을 계속 감시하여 장치의 상태가 바뀔 때 그와 동시에 제어 동작을 구동시키는 시스템이다.

37 　　　　　　　정답 ④
바로가기 아이콘을 삭제해도 연결된 실제 파일은 삭제되지 않는다.

38 　　　　　　　정답 ④
워드프로세서의 머리말은 한 페이지의 맨 위에 한두 줄의 내용이 고정적으로 반복되게 하는 기능이다.

39 　　　　　　　정답 ②
① 결괏값에 출근과 지각이 바뀌어 나타난다.
③ · ⑤ 9시 정각에 출근한 손흥민이 지각으로 표시된다.
④ 9시 정각부터 9:59까지 출근으로 표시된다.

40 　　　　　　　정답 ②
[인쇄 관리자] 창에서는 인쇄 중인 문서를 일시 중지시킬 수 있고 일시 중지된 문서를 다시 이어서 출력할 수도 있지만, 다른 프린터로 출력하도록 할 수는 없다. 다른 프린터로 출력을 원할 경우 처음부터 다른 프린터로 출력해야 한다.

41

정답 ③

염팀장은 아이디어를 서로 눈치 보지 말고 어떤 제약도 없이 자신의 의견을 다양하고 자유롭게 이야기하도록 하는 브레인스토밍을 활용하고 있다.

> **브레인스토밍**
> 여러 명이 한 가지의 문제를 놓고 아이디어를 비판 없이 제시하여 그중에서 최선책을 찾아내는 방법으로, 아이디어의 질보다 양을 추구하며 모든 아이디어가 제안되고 나면 이를 결합하여 해결책을 마련한다.

42

정답 ②

최과장의 경우 다른 사람이 아이디어를 제시할 때 비판하며 브레인스토밍의 규칙에 어긋난 행동을 했다.

> **브레인스토밍의 규칙**
> • 다른 사람이 아이디어를 제시할 때에는 비판하지 않는다.
> • 문제에 대한 제안은 자유롭게 이루어질 수 있다.
> • 아이디어는 많이 나올수록 좋다.
> • 모든 아이디어가 제안되고 나면 이를 결합하고 해결책을 마련한다.

43

정답 ④

집단의사결정은 의견 수렴 과정에서 의견이 불일치하는 경우 의사결정을 내리는 데 시간이 많이 소요된다.

> **집단의사결정의 특징**
> • 한 사람이 가진 지식보다 집단이 가지고 있는 지식과 정보가 더 많아 효과적인 결정을 할 수 있다.
> • 다양한 집단구성원이 갖고 있는 능력은 각기 다르므로 각자 다른 시각으로 문제를 바라봄에 따라 다양한 견해를 가지고 접근할 수 있다.
> • 의사결정에 참여한 사람들이 해결책을 수월하게 수용하고, 의사소통의 기회도 향상되는 긍정적인 면이 있다.
> • 의견이 불일치하는 경우 의사결정을 내리는 데 시간이 많이 소요되며, 특정 구성원에 의해 의사결정이 독점될 가능성이 있다.

44

정답 ③

맥킨지의 3S 기법은 상대방의 감정을 최대한 덜 상하게 하면서 거절하는 커뮤니케이션 기법이다. 3S 가운데 Situation(Empathy)은 상대방의 마음을 잘 이해하고 있음을 표현하고, 공감을 형성하는 것이다.

① · ⑤ Sorry(Sincere) : 거절에 대한 유감과 거절할 수밖에 없는 이유를 솔직하게 표현한다.
② · ④ Suggest(Substitute) : 상대방의 입장을 생각하여 새로운 대안을 역으로 제안한다.

45

정답 ①

WBS(Work Breakdown Structure)는 프로젝트 목표를 달성하기 위해 필요한 활동과 업무를 세분화하는 작업으로, 프로젝트 구성 요소들을 계층 구조로 분류하여 프로젝트의 전체 범위를 정의하고, 프로젝트 작업을 관리하기 쉽도록 세분화한다.

② 간트 차트 : 일의 시작일과 완료일을 결정할 때 이용하는 도구로, 작업 공정이나 제품별로 보여주며, 계획된 작업이 실제로 어떻게 진행되고 있는가를 보여주며 시간적 일정 관리를 가능하게 한다.
③ 책임분석표 : 업무 책임을 명확히 할 때 이용하는 도구로, WBS를 바탕으로 작성한다.
④ SWOT 분석표 : 강점(S), 약점(W), 기회(O), 위협(T)의 요소를 나누어 분석하는 것으로 외주 업체를 결정할 때 유용한 업무 효율화 도구이다.
⑤ 워크 플로 시트 : 업무의 절차 또는 활동을 시스템화한 것으로, 일의 흐름을 동적으로 보여주는 데 효과적이다.

46

정답 ③

WBS의 목적과 용도
• 사용자와 개발자 간의 의사소통 도구이다.
• 프로젝트 업무 내역을 가시화할 수 있어 관리가 용이하다.
• 프로젝트 팀원의 책임과 역할이 분명하다.
• 필요 인력과 일정 계획을 세우는 데 기초로 활용한다.
• 개발비 산정 시 기초로 활용한다.
• 성과 측정 및 조정 시 기준선으로 활용할 수 있다.

47

정답 ③

유대리가 처리해야 할 일의 순서는 다음과 같다.
음악회 주최 의원들과 점심 → 음악회 주최 의원들에게 일정표 전달(점심 이후) → △△조명에 조명 점검 협조 연락(오후) → 한여름 밤의 음악회 장소 점검(퇴근 전) → 김부장에게 상황 보고
따라서 가장 먼저 해야 할 일은 '음악회 주최 의원들과 점심'이다.

48

정답 ④

K기업의 기존 조직 구조는 기계적 조직으로, 구성원들의 업무나 권한이 분명하게 정의되고 많은 규칙과 규제들이 있으며, 상하 간 의사소통이 공식적인 경로를 통해 이루어지고 엄격한 위계질서가 존재한다는 특징이 있다. 대표적인 기계적 조직으로는 군대와 정부, 공공기관 등이 있다.

49

K기업이 개편하고자 하는 조직 구조는 유기적 조직으로, 의사결 정권한이 조직의 하부 구성원들에게 많이 위임되어 있으며 업무도 고정되지 않아 업무 공유가 가능한 조직이다. 비공식적인 상호 의 사소통이 원활히 이루어지며, 규제나 통제의 정도가 낮아 변화에 맞춰 쉽게 변할 수 있는 특징이 있다. 대표적인 유기적 조직으로는 권한 위임을 받아서 독자적으로 활동하는 사내 벤처팀, 특정한 과 제 수행을 위해 조직된 프로젝트팀 등이 있다.

50

기존의 조직은 CEO가 조직의 최상층에 있고, 조직 구성원들이 단 계적으로 배열되는 구조를 이루고 있다. 환경이 안정적이거나 일 상적인 기술, 조직의 내부 효율성을 중요시하며 기업의 규모가 작 을 때에는 업무의 내용이 유사하고 관련성이 있는 것들로 결합조 직 구조 형태가 이루어졌다.

향후 조직 개편에 반영하여야 할 사항에는 급변하는 환경 변화에 효과적으로 대응하고, 제품·지역·고객별 차이에 신속하게 적응 하기 위해서 분권화된 의사결정이 가능한 사업별 조직 구조가 필 요하다.

4일 차 기출응용 모의고사 정답 및 해설

01	02	03	04	05	06	07	08	09	10
④	②	⑤	③	②	②	③	③	①	②
11	12	13	14	15	16	17	18	19	20
⑤	②	④	⑤	②	②	④	②	②	④
21	22	23	24	25	26	27	28	29	30
①	④	⑤	④	⑤	①	①	③	④	②
31	32	33	34	35	36	37	38	39	40
③	③	④	④	①	①	④	④	①	④
41	42	43	44	45	46	47	48	49	50
②	⑤	②	④	③	③	④	②	④	②

01
정답 ④

일방적으로 자신의 말만 하고, 무책임한 마음으로 자신의 말이 '정확히 전달되었는지', 상대방이 자신의 말을 '정확히 이해했는지'를 확인하지 않는 미숙한 의사소통 기법이 직장생활에서의 원만한 의사소통을 방해하고 있다.

02
정답 ②

• -째 : '그대로' 또는 '전부'의 뜻을 더하는 접미사
• 절다 : 푸성귀나 생선 따위에 소금기나 식초, 설탕 등이 배어들다.
• 배어들다 : 액체, 냄새 따위가 스며들다.

03
정답 ⑤

제시문에서는 서로 반대 관계에 있던 사우디아라비아와 러시아가 미국의 석유 생산에 함께 대응하는 모습을 이야기하고 있다. 따라서 제시문과 관련 있는 사자성어로는 오나라 사람과 월나라 사람이 같은 배를 탔다는 뜻으로, '서로 적의를 품은 사람들이 한자리에 있게 된 경우나 서로 협력하여야 하는 상황'을 비유적으로 이르는 말인 '오월동주(吳越同舟)'가 가장 적절하다.

오답분석
① 실사구시(實事求是) : 사실에 토대를 두어 진리를 탐구하는 일이라는 뜻으로, 공리공론을 떠나서 정확한 고증을 바탕으로 하는 과학적·객관적 학문 태도를 이르는 말

② 천재일우(千載一遇) : 천 년 동안 단 한 번 만난다는 뜻으로, 좀처럼 만나기 어려운 좋은 기회를 이르는 말
③ 비분강개(悲憤慷慨) : 슬프고 분하여 마음이 북받침
④ 수어지교(水魚之交) : 물이 없으면 살 수 없는 물고기와 물의 관계라는 뜻으로, 아주 친밀하여 떨어질 수 없는 사이를 비유적으로 이르는 말

04
정답 ③

오답분석
• 웬지 → 왠지('왜인지'의 준말)
• 어떡게 → 어떻게
• 말씀드리던지 → 말씀드리든지
• 바램 → 바람('바라다'에서 온 말)

05
정답 ②

제시문은 각각의 원소들이 개별적으로 가진 성질(머리카락이 빠진다고 대머리는 아니다)을 부분으로 볼 때는 참이지만 그 부분들의 결합인 전체로 볼 때 거짓인 것을 참인 것으로 주장하는 오류이므로 결합의 오류(합성의 오류)에 해당한다.

오답분석
① 분할의 오류 : 전체가 가지고 있는 속성을 전체에 속해 있는 부분이 모두 똑같이 가지고 있을 것이라 주장하는 오류이다.
③ 우연의 오류 : 자료적 오류의 하나로서, 사물의 본질적 속성과 특수한 우연적 속성을 혼동함으로써 생기는 오류이다.
④ 허수아비의 오류 : 상대방 주장의 전부 혹은 일부를 왜곡하고 그 왜곡된 입장을 공격하는 비형식적 오류이다.
⑤ 원천 봉쇄의 오류 : 주장에 대한 반론이 일어날 수 있는 유일한 원천을 비판하면서 반론 자체를 봉쇄하는 논리적 오류이다.

06
정답 ②

제시문은 일본의 라멘과 한국의 라면의 차이점을 서술하는 글이다. '한국의 라면은 그렇지 않다.'라고 서술하는 (가) 뒤에는 한국의 라면에 대한 설명이 나와야 하므로 (라)가 적합하다. 또한 '일본의 라멘이 어떠한 맛을 추구하고 있는지에 대해서 생각해보면 알 수 있다.'라고 서술하는 (라) 뒤에는 일본의 라멘 맛에 대해서 서술하는 (나)가 적절하고, 그 뒤를 이어 라멘의 독자성에 대해서 서술하는 (다)가 제일 마지막에 오는 것이 타당하다.

07
정답 ③

제시문은 또 다른 물의 재해인 '지진'의 피해에 대해 설명하는 글로, 두 번째 문단과 세 번째 문단은 '지진'의 피해에 대한 구체적인 사례를 제시하고 있다. 따라서 글의 제목으로 가장 적절한 것은 ③이다.

08
정답 ③

1일에 1송이의 꽃이 피었고 2일에는 2송이, 3일에는 3송이가 피었다. 표에 나와 있는 첫날부터 5일까지 핀 꽃의 개수를 나열하면 1, 2, 3, 5, 8, … 로 세 번째 항부터 앞 두 항의 합이 다음 항이 되는 피보나치 수열을 따른다.

10일에 피는 꽃의 개수는 피보나치 수열에 따라 (1, 2, 3, 5, 8, 13, 21, 34, 55, 89)이므로 89송이가 피게 된다. 따라서 철수가 영희에게 줄 수 있는 꽃의 총 개수는 $1+2+3+5+8+13+21+34+55+89=231$송이이다.

09
정답 ①

지혜와 주헌이가 함께 걸어간 거리는 150×30m이고, 집에서 회사까지 거리는 150×50m이다. 따라서 지혜가 집에 가는 데 걸린 시간은 $150 \times 30 \div 300 = 15$분이고, 다시 회사까지 가는데 걸린 시간은 $150 \times 50 \div 300 = 25$분이다. 따라서 주헌이가 회사에 도착하는 데 걸린 시간은 20분이고, 지혜가 걸린 시간은 40분이므로, 지혜는 주헌이가 도착하고 20분 후에 회사에 도착한다.

10
정답 ②

A, B회사 우유의 1g당 열량과 단백질을 환산하면 다음과 같다.

구분	열량(kcal)	단백질(g)
A회사 우유	1.5	0.12
B회사 우유	2	0.05

A회사, B회사 우유를 각각 xg, $(300-x)$g 구매했다면
- $1.5x + 2(300-x) \geq 490$ … ㉠
- $0.12x + 0.05(300-x) \geq 29$ … ㉡

㉠, ㉡을 연립하면
- $1.5x + 600 - 2x \geq 490$ … ㉠'
- $0.12x + 15 - 0.05x \geq 29$ … ㉡'

$0.5x \leq 110$이고 $0.07x \geq 14$이다.
따라서 $200 \leq x \leq 220$이므로 A회사 우유를 200g, B회사 우유를 $300-200=100$g 구매하는 것이 가장 저렴하며, 그 가격은 $80 \times 200 + 50 \times 100 = 21,000$원이다.

11
정답 ⑤

먼저 영희와 친구들의 선호 메뉴를 살펴보면, A는 다른 친구들과 선호하는 메뉴가 겹치지 않는 것을 확인할 수 있기 때문에 영희와 B, C를 중심으로 파악한다.

영희와 B, C의 선호 메뉴를 고려하여 겹치는 메뉴가 무엇인지를 파악해보면, 영희와 C는 돈가스, B와 C는 제육덮밥이 겹치는 것을 확인할 수 있다. 또한 C는 돈가스와 제육덮밥을 동시에 주문할 수 없으므로 영희와 친구들이 각자 다른 메뉴를 고르는 경우의 수는 '(전체 모든 경우의 수)−(영희와 C가 돈가스를 같이 고르는 경우의 수)−(B와 C가 제육덮밥을 같이 고르는 경우의 수)'이다.
따라서 영희와 친구들의 주문에 대한 경우의 수는 $(3 \times 3 \times 3 \times 4) - (3 \times 3) - (3 \times 3) = 90$가지이다.

12
정답 ②

2022년 모니터 판매량은 전체 컴퓨터 판매량의 24%이므로 $598 \times 0.24 = 143.52$천 대이다.

오답분석
① 2023년 컴퓨터 판매량은 2019년에 비해서 $596 - 498 = 98$천 대 증가했다.
③ 컴퓨터 판매량은 꾸준히 증가하다 2023년에 주춤했으나, 이후 다시 증가했다.
④ 2024년 모니터 판매량은 $648 \times 0.29 = 187.92$천 대로, 2019년 모니터 판매량인 $498 \times 0.14 = 69.72$천 대의 약 2.7배이다.
⑤ 모니터 판매 비율은 2019(14%) ~ 2024년(29%) 증가하고 있다.

13
정답 ④

개선 전 부품 1단위 생산 시 투입 비용은 총 40,000원이었다. 생산 비용 감소율이 30%이므로 개선 후 총비용은 $40,000 \times (1-0.3) = 28,000$원이어야 한다. 그러므로 ⓐ+ⓑ의 값은 $28,000 - (3,000 + 7,000 + 8,000) = 10,000$원이다.

14
정답 ⑤

L씨는 휴일 오후 3시에 택시를 타고 서울에서 경기도 맛집으로 이동 중이다. 택시요금 계산표에 따라 경기도 진입 전까지 기본요금으로 2km까지 3,800원이며, $4.64 - 2 = 2.64$km는 주간 거리요금으로 계산하면 $\frac{2,640}{132} \times 100 = 2,000$원이 나온다. 경기도에 진입 후 맛집에 도착까지의 거리는 $12.56 - 4.64 = 7.92$km로, 시계외 할증이 적용되어 심야 거리요금으로 계산하면 $\frac{7,920}{132} \times 120 = 7,200$원이고, 경기도 진입 후 8분의 시간요금은 $\frac{8 \times 60}{30} \times 120 = 1,920$원이다.
따라서 L씨가 가족과 맛집에 도착하여 지불하는 총 택시요금 총액은 $3,800 + 2,000 + 7,200 + 1,920 = 14,920$원이다.

15
정답 ②

입찰에 참여한 업체들의 등급으로 점수를 산출하면 다음과 같다.

(단위 : 점)

업체	가격 평가등급	품질 평가등급	생산속도 평가등급
가업체	30	27	10
나업체	20	30	30
다업체	15	25	20
라업체	20	18	30
마업체	15	30	20

산출된 점수에 가중치를 적용하여 업체별 최종 점수를 도출하면 다음과 같다.

- 가업체 : $(30 \times 2) + (27 \times 3) + (10 \times 1) = 151$점
- 나업체 : $(20 \times 2) + (30 \times 3) + (30 \times 1) = 160$점
- 다업체 : $(15 \times 2) + (25 \times 3) + (20 \times 1) = 125$점
- 라업체 : $(20 \times 2) + (18 \times 3) + (30 \times 1) = 124$점
- 마업체 : $(15 \times 2) + (30 \times 3) + (20 \times 1) = 140$점

따라서 최종 점수가 160점으로 가장 높은 나업체가 선정된다.

16
정답 ②

B버스(9시 출발, 소요시간 40분) → KTX(9시 45분 출발, 소요시간 1시간 32분) → 도착시간 오전 11시 17분으로 가장 먼저 도착한다.

오답분석

① A버스(9시 20분 출발, 소요시간 24분) → 새마을호(9시 45분 출발, 소요시간 3시간) → 도착시간 오후 12시 45분
③ B버스(9시 출발, 소요시간 40분) → 새마을호(9시 40분 출발, 소요시간 3시간) → 도착시간 오후 12시 40분
④ 지하철(9시 30분 출발, 소요시간 20분) → KTX(10시 30분 출발, 소요시간 1시간 32분) → 도착시간 오후 12시 2분
⑤ 지하철(9시 30분 출발, 소요시간 20분) → 새마을호(9시 50분 출발, 소요시간 3시간) → 도착시간 오후 12시 50분

17
정답 ④

출산장려금 지급 시기의 가장 우선순위인 임신일이 가장 긴 임산부는 B, D, E임산부이다. 이 중에서 만 19세 미만인 자녀 수가 많은 임산부는 D, E임산부이고, 소득 수준이 더 낮은 임산부는 D임산부이다. 따라서 D임산부가 가장 먼저 출산장려금을 받을 수 있다.

18
정답 ②

브레인스토밍(Brain Storming)은 창의적인 사고를 위한 그룹발산 방법으로, 집단의 효과를 살려서 아이디어의 연쇄반응을 일으켜 자유분방한 아이디어를 내고자 하는 방법이다. 리더는 구성원의 다양한 의견을 도출할 수 있는 사람이 적합하다.

브레인스토밍의 진행 방법

주제를 구체적이고 명확하게 정한다.	• 논의하고자 하는 주제는 구체적이고 명확하게 주어질수록 많은 아이디어가 도출될 수 있다.
구성원의 얼굴을 볼 수 있도록 좌석을 배치하고 큰 용지를 준비한다.	• 구성원들의 얼굴을 볼 수 있도록 사각형이나 원형 등으로 책상을 배치해야 하고, 칠판에 모조지를 붙이거나, 책상 위에 큰 용지를 붙여서 아이디어가 떠오를 때마다 적을 수 있도록 하는 것이 바람직하다.
구성원의 다양한 의견을 도출할 수 있는 사람을 리더로 선출한다.	• 브레인스토밍 시에는 구성원들이 다양한 의견을 제시할 수 있는 편안한 분위기를 만들 수 있는 리더를 선출해야 한다. • 리더는 사전에 주제를 잘 분석하고 다양한 아이디어를 산출할 수 있게 하는 방법들을 연구한다.
구성원은 다양한 분야의 4~8명 정도로 구성한다.	• 브레인스토밍을 위한 인원은 4~8명 정도가 적당하며, 주제에 대한 전문가를 절반 이하로 구성하고, 다양한 분야의 사람들을 참석시키는 것이 다양한 의견을 도출하는 지름길이다.
발언은 누구나 자유롭게 하고 모든 발언 내용을 기록한다.	• 브레인스토밍 시에는 누구나 무슨 말이라도 할 수 있도록 해야 하며, 발언 내용은 요약해서 잘 기록함으로써 내용을 구조화할 수 있어야 한다.
아이디어를 비판해서는 안 된다.	• 제시된 아이디어는 비판해서는 안 되며, 다양한 아이디어 중 독자성과 실현 가능성을 고려해 결합한 뒤 최적의 방안을 찾아야 한다. • 선정된 주제를 가지고 리더와 기록자를 포함한 참가자 모두가 의견을 낼 수 있다.

19
정답 ②

브레인스토밍은 구성원들의 얼굴을 볼 수 있도록 사각형이나 타원형 등으로 책상을 배치해서 가능한 둥글게 앉아 개방적인 사고를 유도할 수 있도록 하는 방법이다.

20
정답 ④

주어진 조건에 따라 부서별 위치를 정리하면 다음과 같다.

구분	1층	2층	3층	4층	5층	6층
경우 1	해외 사업부	인사 교육부	기획부	디자 인부	서비스 개선부	연구· 개발부
경우 2	해외 사업부	인사 교육부	기획부	서비스 개선부	디자 인부	연구· 개발부

따라서 3층에 위치한 기획부의 직원은 출근 시 반드시 계단을 이용해야 하므로 ④는 항상 옳다.

① 경우 1일 때 김대리는 출근 시 엘리베이터를 타고 4층에서 내린다.

② 경우 2일 때 디자인부의 김대리는 서비스개선부의 조대리보다 엘리베이터에서 나중에 내린다.

③ 커피숍과 같은 층에 위치한 부서는 해외사업부이다.

⑤ 엘리베이터 이용에만 제한이 있을 뿐, 계단 이용에는 층별 이용 제한이 없다.

21 정답 ①

제시문은 품질에 대한 고객의 세 가지 욕구를 고객이 식당에 가는 상황이라는 구체적인 사례를 들어 독자의 이해를 돕고 있다.

22 정답 ④

빈칸 뒤에서는 양안시에 대해 설명하면서 양안시차를 통해 물체와의 거리를 파악한다고 하였으므로 빈칸에는 거리와 관련된 내용이 나옴을 짐작해 볼 수 있다. 따라서 빈칸에 들어갈 내용은 ④이다.

23 정답 ⑤

저맥락 문화는 멤버 간에 공유하고 있는 맥락의 비율이 낮고 개인주의와 다양성이 발달했다. 미국은 이러한 저맥락 문화의 대표국가로, 선악의 확실한 구분, 수많은 말풍선을 사용한 스토리 전개 등이 특징이다. 다채로운 성격의 캐릭터 등장은 일본 만화의 특징이다.

24 정답 ④

A, B, C에 해당되는 청소 주기 6, 8, 9일의 최소공배수는 $2 \times 3 \times 4 \times 3 = 72$이다. 즉, 세 사람이 같이 청소를 하는 날은 72일 후이다. 9월은 30일, 10월은 31일까지 있으므로 11월 10일은 61일 후가 되고, 72일 후인 11월 21일에 세 사람은 다시 같이 청소를 하게 된다.

25 정답 ⑤

사고 전·후 이용 가구 수의 차이가 가장 큰 것은 생수이며, 가구 수의 차이는 140−70=70가구이다.

① 사고 전에 수돗물을 이용하는 가구 수가 120가구로 가장 많다.

② 수돗물과 약수를 이용하는 가구 수가 감소했다.

③ 조달원을 변경한 가구는 전체 가구의 $\frac{230}{370} \times 100 ≒ 62\%$이므로 60% 이상이다.

④ 사고 전에 정수를 이용하던 가구 수는 100가구이며, 사고 후에도 정수를 이용하는 가구 수는 50가구이다. 나머지 50가구는 사고 후 다른 식수 조달원을 이용한다.

26 정답 ①

청바지의 괴리율 차이는 37.2%p이고, 운동복의 괴리율 차이는 40%p이므로 운동복의 괴리율 차이가 더 크다.

② 할인가 판매제품 수가 정상가 판매제품 수보다 많은 품목은 세탁기, 유선전화기, 기성신사복, 진공청소기, 가스레인지, 무선전화기, 오디오세트, 정수기로 총 8개이다.

③ 할인가 판매제품 수와 정상가 판매제품 수의 차이가 가장 큰 품목은 라면으로, 30개 차이가 난다.

④ 괴리율이 클수록 권장소비자가격과 판매가격(정상가격 또는 할인가격)의 차이가 큰 것이다.

⑤ 할인가 판매 시 괴리율이 40%가 넘는 품목은 운동복과 청바지로 총 2개이다.

27 정답 ①

보기의 ⓒ은 의류 종류 코드에서 'OP(원피스)'를 'OT(티셔츠)'로 수정해야 하므로 ①의 생산 코드를 'OTGR − 220124 − 475ccc'로 수정해야 한다.

㉠ 스커트는 'OH', 붉은색은 'RD', 제조일은 '211204', 창원은 '753', 수량은 'aaa'이므로 ③의 생산 코드는 'OHRD − 211204 − 753aaa'로 옳다.

ⓒ 원피스는 'OP', 푸른색은 'BL', 제조일은 '210705', 창원은 '753', 수량은 'aba'이므로 ⑤의 생산 코드는 'OPBL − 210705 − 753aba'로 옳다.

㉢ 납품일(2022년 7월 23일) 전날에 생산했으므로 생산 날짜는 2022년 7월 22일이다. 따라서 ②의 생산 코드는 'OJWH − 220722 − 935baa'로 옳다.

㉣ 티셔츠의 생산 코드는 ④와 같이 'OTYL − 220430 − 869aab'로 옳으며, 스커트의 생산 코드는 'OHYL − 220430 − 869aab'이다.

28 정답 ③

주어진 조건을 정리하면 다음과 같다.

구분	(가)	(나)	(다)	(라)	(마)
영어	○	○		×	
수학	×	○	○		○
국어					
체육	×			○	○

따라서 (가) 학생이 듣는 수업은 영어와 국어이므로 (마) 학생은 이와 겹치지 않는 수학과 체육 수업을 듣는다.

29
정답 ④

다섯 번째 조건에 따르면 E대리는 참석한다.
네 번째 조건의 대우는 'E대리가 참석하면 D대리는 참석하지 않는다.'이므로 D대리는 참석하지 않는다.
첫 번째 조건에 따라 D대리가 참석하지 않으므로 C주임이 참석한다.
세 번째 조건에 따라 C주임이 참석하면 A사원도 참석한다.
두 번째 조건은 나머지 정보들과 논리적 동치 관계가 없으므로 판단의 근거로 활용할 수 없다.
따라서 반드시 참석하는 직원은 A사원, C주임, E대리이며, 반드시 참석하지 않는 직원은 D대리이다. B사원과 F과장의 참석 여부는 분명하지 않다.
그러므로 B사원과 F과장이 참석한다고 가정할 때 A사원, B사원, C주임, E대리, F과장 5명이 참석하는 경우가 최대 인원이 참석하는 경우이다.

30
정답 ②

주어진 정보를 표로 정리하면 다음과 같다.

선택		B여행팀	
		관광지에 간다	관광지에 가지 않는다
A여행팀	관광지에 간다	(10, 15)	(15, 10)
	관광지에 가지 않는다	(25, 20)	(35, 15)

• A여행팀의 최대 효용
 – B여행팀이 관광지에 가는 경우 : A여행팀이 관광지에 가지 않을 때 25의 최대 효용을 얻는다.
 – B여행팀이 관광지에 가지 않는 경우 : A여행팀이 관광지에 가지 않을 때 35의 최대 효용을 얻는다.
  따라서 A여행팀은 B여행팀의 선택에 상관없이 관광지에 가지 않아야 효용이 발생하며, 이때의 최대 효용은 35이다.
• B여행팀의 최대 효용
 – A여행팀이 관광지에 가는 경우 : B여행팀이 관광지에 갈 때 15의 최대 효용을 얻는다.
 – A여행팀이 관광지에 가지 않는 경우 : B여행팀이 관광지에 갈 때 20의 최대 효용을 얻는다.
  따라서 B여행팀은 A여행팀의 선택에 상관없이 관광지에 가야 효용이 발생하며, 이때의 최대 효용은 20이다.
이를 종합하면 A여행팀은 관광지에 가지 않을 때, B여행팀은 관광지에 갈 때 효용이 극대화되고, 이때의 총효용은 45(=25+20)이다.

31
정답 ③

자료에는 제품에 대한 연령별 선호와 제품에 대한 매장별 만족도만 나와 있고, 구입처의 정보를 알 수 없기 때문에 구입처별 주력 판매 고객 설정은 처리할 수 없다.

32
정답 ③

사내 명절 선물은 주로 부모나 친지들의 선물로 보내는 경우가 많기 때문에 사내의 연령 분포를 조사하는 것은 다른 정보에 비해 추가 정보 수집으로 적절하지 않다.

33
정답 ④

K사원의 업무폴더 파일들의 확장자를 종류별로 구분하면 아래와 같다.
• 문서 파일 : hwp, doc, txt, ppt, xls
• 이미지 파일 : jpg, bmp, gif, png, raw
• 소리 파일 : wav, wma, mp3, mid
• 영상 파일 : mkv, avi
• 압축 파일 : egg, rar, zip
이를 통해 K사원의 업무폴더에서 문서 파일은 7개, 이미지 파일은 9개, 소리 파일은 5개, 영상 파일은 4개, 압축 파일은 3개임을 알 수 있다.
따라서 영상 파일의 개수는 소리 파일의 개수보다 적다.

34
정답 ④

비교적 가까운 거리에 흩어져 있는 컴퓨터들을 서로 연결하여 여러 가지 서비스를 제공하는 네트워크는 근거리 통신망에 해당한다. 근거리 통신망의 작업 결과를 공유하기 위해서는 네트워크상의 작업 그룹명을 동일하게 하여야 한다.

35
정답 ①

〈Ctrl〉 버튼과 〈Shift〉 버튼을 누른 후 화살표를 누르면 도형의 높이와 너비를 미세하게 조절할 수 있다.

36
정답 ①

원하는 행 전체에 서식을 넣고 싶다면 [열 고정] 형태로 조건부 서식을 넣어야 한다. [A2:D9] 영역을 선택하고 조건부 서식 → 새 규칙 → 수식을 사용하여 서식을 지정할 셀 결정에서 「=$D2<3」을 넣으면 적용된다.

37
정답 ④

프로세스 레지스터의 특징
• 컴퓨터 기억장치 중 속도가 가장 빠르다(레지스터>캐시>주기억>보조기억).
• 레지스터는 중앙처리장치(CPU) 안에 들어 있다.
• CPU의 속도 향상이 목적이다.
• 연산장치에 속하는 레지스터 → 누산기, 가산기, 보수기 등
• 제어장치에 속하는 레지스터
 → 프로그램 카운터(PC), 명령 레지스터, 명령해독기 등

38 정답 ④

오답분석
- (가) : 자간에 대한 설명이다.
- (다) : 스크롤바를 이용하여 화면을 상·하·좌·우로 모두 이동할 수 있다.

39 정답 ①

하이퍼텍스트의 자료의 구조는 링크에 의해서 무작위로 이동 가능하다. 즉, 비순차적인 구조형식을 갖는다.

40 정답 ④

ⓒ 직책은 부장, 차장, 대리, 사원 순으로 사용자 지정 목록을 이용하여 정렬되었다.
ⓒ 부서를 오름차순으로 우선 기준을, 다음으로 직책 순으로 정렬하였다.

오답분석
㉠ 부서를 기준으로 오름차순으로 정렬되었다.
ⓔ 성명을 기준으로 정렬되지 않았다.

41 정답 ②

매트릭스 조직은 기존의 기능부서 상태를 유지하면서 특정한 프로젝트를 위해 서로 다른 부서의 인력이 함께 일하는 현대적인 조직 설계 방식이다.

오답분석
① 네트워크 조직 : 네트워크를 이용하거나 네트워크 방식을 활용한 조직이다.
③ 관료제 조직 : 특정 목표를 달성하기 위해 구성원의 역할을 명확하게 구분하고, 공식적인 규칙과 규정에 따라 운영하는 규모 위계 조직이다.
④ 팀제 조직 : 조직 간의 수직적 장벽을 허물고 보다 자율적인 환경 속에서 경영 자원의 효율성을 극대화하기 위해 내부 운영에 유연성을 부여한 조직이다.
⑤ 학습 조직 : 급변하는 경영 환경에 적응하기 위해 조직원이 학습할 수 있도록 기업이 모든 기회와 자원을 제공하고 학습 결과에 따라 지속적 변화를 이루는 조직이다.

42 정답 ⑤

명령통일의 원리는 조직의 각 구성원은 누구나 한 사람의 직속상관에게만 보고하고, 또 그로부터 명령을 받아야 한다는 것을 의미한다.

오답분석
① 계층의 원리 : 조직의 목표를 달성하기 위한 업무를 수행함에 있어 권한과 책임의 정도에 따라 직위가 수직적으로 서열화되어 있는 것이다.

② 기능적 분업의 원리 : 조직의 업무를 직능 또는 성질별로 구분해 한 사람에게 동일한 업무를 분담시키는 것이다.
③ 조정의 원리 : 조직 내에서 업무의 수행을 조절하고 조화로운 인간관계를 유지함으로써 협동의 효과를 최대한 거두려는 것이다.
④ 적도집권의 원리 : 중앙집권제와 분권제 사이에 적절한 균형을 도모하려는 것이다.

43 정답 ②

ⓒ·ⓔ 전략과 구조 측면의 변화에 해당한다.

오답분석
㉠ 제품 및 서비스 측면의 변화에 해당한다.
ⓒ 기술 측면의 변화에 해당한다.
ⓜ 문화 측면의 변화에 해당한다.

44 정답 ③

제시문은 총무부에서 주문서 메일을 보낼 때 꼼꼼히 확인하지 않아서 수정 전의 파일이 첨부되어 발송되었기 때문에 발생한 일이다.

45 정답 ③

K기업의 집중근무제는 근무시간 동안에 따로 시간을 정하여 근무 자체의 집중도와 충실도를 높이고자 하는 것으로, 집중근무시간에는 오로지 중요한 업무에만 전념할 수 있도록 하여 업무 효율성을 높이고자 한다.
PC오프제는 점심 시간이나 퇴근 시간 등 정해진 시간이 지나면 업무용 PC가 자동 종료되는 제도로, 직원들의 식사나 휴식, 퇴근 시간 등을 보장하기 위한 것이다.

46 정답 ③

과중한 업무 스트레스는 개인뿐만 아니라 조직에도 부정적인 결과를 가져와서 과로나 정신적 불안감을 조성하고 심한 경우 우울증, 심장마비 등 질병에 이르게 하지만, 적정 수준의 스트레스는 사람들을 자극하여 개인의 능력을 개선하고 최적의 성과를 내게 한다. 스트레스를 관리하기 위해서는 시간 관리를 통해 업무 과중을 극복하고, 명상과 같은 방법으로 긍정적인 사고방식을 가지며, 신체적 운동을 하거나 전문가의 도움을 받는다. 조직 차원에서는 직무를 재설계하거나 역할을 재설정하고 심리적으로 안정을 찾을 수 있도록 학습 동아리 활동과 같은 사회적 관계 형성을 장려한다.

47 정답 ④

뜨거운 수프를 식힐 때는 숟가락으로 조용히 저어야 한다. 입김을 불어 식히는 것이 예절에 어긋나는 행동이다.

48

정답 ②

체크리스트 항목의 내용을 볼 때, 국제감각 수준을 점검할 수 있는 체크리스트임을 알 수 있다. 따라서 국제적인 법규를 이해하고 있는지를 확인하는 ②가 가장 적절하다.

국제감각 수준의 점검 항목
- 다음 주에 혼자서 해외에 나가게 되더라도 영어를 통해 의사소통을 잘할 수 있다.
- VISA가 무엇이고 왜 필요한지 잘 알고 있다.
- 각종 매체(신문, 잡지, 인터넷 등)를 활용하여 국제적인 동향을 파악하고 있다.
- 최근 미달러화(US$), 엔화(¥)와 비교한 원화 환율을 구체적으로 알고 있다.
- 영미권, 이슬람권, 중국, 일본 사람들과 거래 시 주의해야 할 사항들을 숙지하고 있다.

49

정답 ④

K기업은 국내시장에서의 큰 성공에 자신감을 얻은 나머지, 유럽의 도로 여건과 법규, 현지 소비자의 특성과 광고 트렌드에 대한 면밀한 분석 없이 안일하게 유럽시장에 진출했다가 실패했다.

50

정답 ②

H9의 해외 진출 실패에 대한 시사점은 해외시장 진출 전 현지의 여건과 법규 및 규제, 소비자의 특성과 광고 트렌드 등을 면밀하게 분석하고 준비해야 한다는 것이지, 대형 SUV의 보급이 시기상조라고는 보기 어렵다.

NCS 직업기초능력 답안카드

성 명

지원 분야

문제지 형별기재란

( )형   Ⓐ   Ⓑ

수험번호

| 0 | 1 | 2 | 3 | 4 | 5 | 6 | 7 | 8 | 9 |

감독위원 확인

㊞

신용보증기금

1	① ② ③ ④ ⑤
2	① ② ③ ④ ⑤
3	① ② ③ ④ ⑤
4	① ② ③ ④ ⑤
5	① ② ③ ④ ⑤
6	① ② ③ ④ ⑤
7	① ② ③ ④ ⑤
8	① ② ③ ④ ⑤
9	① ② ③ ④ ⑤
10	① ② ③ ④ ⑤
11	① ② ③ ④ ⑤
12	① ② ③ ④ ⑤
13	① ② ③ ④ ⑤
14	① ② ③ ④ ⑤
15	① ② ③ ④ ⑤
16	① ② ③ ④ ⑤
17	① ② ③ ④ ⑤
18	① ② ③ ④ ⑤
19	① ② ③ ④ ⑤
20	① ② ③ ④ ⑤

신용보증기금

1	① ② ③ ④ ⑤
2	① ② ③ ④ ⑤
3	① ② ③ ④ ⑤
4	① ② ③ ④ ⑤
5	① ② ③ ④ ⑤
6	① ② ③ ④ ⑤
7	① ② ③ ④ ⑤
8	① ② ③ ④ ⑤
9	① ② ③ ④ ⑤
10	① ② ③ ④ ⑤
11	① ② ③ ④ ⑤
12	① ② ③ ④ ⑤
13	① ② ③ ④ ⑤
14	① ② ③ ④ ⑤
15	① ② ③ ④ ⑤
16	① ② ③ ④ ⑤
17	① ② ③ ④ ⑤
18	① ② ③ ④ ⑤
19	① ② ③ ④ ⑤
20	① ② ③ ④ ⑤

기술보증기금

21	① ② ③ ④ ⑤
22	① ② ③ ④ ⑤
23	① ② ③ ④ ⑤
24	① ② ③ ④ ⑤
25	① ② ③ ④ ⑤
26	① ② ③ ④ ⑤
27	① ② ③ ④ ⑤
28	① ② ③ ④ ⑤
29	① ② ③ ④ ⑤
30	① ② ③ ④ ⑤
31	① ② ③ ④ ⑤
32	① ② ③ ④ ⑤
33	① ② ③ ④ ⑤
34	① ② ③ ④ ⑤
35	① ② ③ ④ ⑤
36	① ② ③ ④ ⑤
37	① ② ③ ④ ⑤
38	① ② ③ ④ ⑤
39	① ② ③ ④ ⑤
40	① ② ③ ④ ⑤

41	① ② ③ ④ ⑤
42	① ② ③ ④ ⑤
43	① ② ③ ④ ⑤
44	① ② ③ ④ ⑤
45	① ② ③ ④ ⑤
46	① ② ③ ④ ⑤
47	① ② ③ ④ ⑤
48	① ② ③ ④ ⑤
49	① ② ③ ④ ⑤
50	① ② ③ ④ ⑤

NCS 직업기초능력 답안카드

신용보증기금

번호	1	2	3	4	5
1	①	②	③	④	⑤
2	①	②	③	④	⑤
3	①	②	③	④	⑤
4	①	②	③	④	⑤
5	①	②	③	④	⑤
6	①	②	③	④	⑤
7	①	②	③	④	⑤
8	①	②	③	④	⑤
9	①	②	③	④	⑤
10	①	②	③	④	⑤
11	①	②	③	④	⑤
12	①	②	③	④	⑤
13	①	②	③	④	⑤
14	①	②	③	④	⑤
15	①	②	③	④	⑤
16	①	②	③	④	⑤
17	①	②	③	④	⑤
18	①	②	③	④	⑤
19	①	②	③	④	⑤
20	①	②	③	④	⑤

기술보증기금

번호	1	2	3	4	5
21	①	②	③	④	⑤
22	①	②	③	④	⑤
23	①	②	③	④	⑤
24	①	②	③	④	⑤
25	①	②	③	④	⑤
26	①	②	③	④	⑤
27	①	②	③	④	⑤
28	①	②	③	④	⑤
29	①	②	③	④	⑤
30	①	②	③	④	⑤
31	①	②	③	④	⑤
32	①	②	③	④	⑤
33	①	②	③	④	⑤
34	①	②	③	④	⑤
35	①	②	③	④	⑤
36	①	②	③	④	⑤
37	①	②	③	④	⑤
38	①	②	③	④	⑤
39	①	②	③	④	⑤
40	①	②	③	④	⑤

기술보증기금

번호	1	2	3	4	5
41	①	②	③	④	⑤
42	①	②	③	④	⑤
43	①	②	③	④	⑤
44	①	②	③	④	⑤
45	①	②	③	④	⑤
46	①	②	③	④	⑤
47	①	②	③	④	⑤
48	①	②	③	④	⑤
49	①	②	③	④	⑤
50	①	②	③	④	⑤

성 명

지원 분야

문제지 형별기재란   Ⓐ Ⓑ
( )형

수 험 번 호

⓪	①	②	③	④	⑤	⑥	⑦	⑧	⑨
⓪	①	②	③	④	⑤	⑥	⑦	⑧	⑨
⓪	①	②	③	④	⑤	⑥	⑦	⑧	⑨
⓪	①	②	③	④	⑤	⑥	⑦	⑧	⑨
⓪	①	②	③	④	⑤	⑥	⑦	⑧	⑨
⓪	①	②	③	④	⑤	⑥	⑦	⑧	⑨
⓪	①	②	③	④	⑤	⑥	⑦	⑧	⑨

감독위원 확인

(인)

NCS 직업기초능력 답안카드

성 명

지원 분야

문제지 형별기재란

(형)   Ⓐ Ⓑ

수 험 번 호

⓪	⓪	⓪	⓪	⓪	⓪	⓪
①	①	①	①	①	①	①
②	②	②	②	②	②	②
③	③	③	③	③	③	③
④	④	④	④	④	④	④
⑤	⑤	⑤	⑤	⑤	⑤	⑤
⑥	⑥	⑥	⑥	⑥	⑥	⑥
⑦	⑦	⑦	⑦	⑦	⑦	⑦
⑧	⑧	⑧	⑧	⑧	⑧	⑧
⑨	⑨	⑨	⑨	⑨	⑨	⑨

감독위원 확인

(인)

신용보증기금

1	① ② ③ ④ ⑤
2	① ② ③ ④ ⑤
3	① ② ③ ④ ⑤
4	① ② ③ ④ ⑤
5	① ② ③ ④ ⑤
6	① ② ③ ④ ⑤
7	① ② ③ ④ ⑤
8	① ② ③ ④ ⑤
9	① ② ③ ④ ⑤
10	① ② ③ ④ ⑤
11	① ② ③ ④ ⑤
12	① ② ③ ④ ⑤
13	① ② ③ ④ ⑤
14	① ② ③ ④ ⑤
15	① ② ③ ④ ⑤
16	① ② ③ ④ ⑤
17	① ② ③ ④ ⑤
18	① ② ③ ④ ⑤
19	① ② ③ ④ ⑤
20	① ② ③ ④ ⑤

기술보증기금

1	① ② ③ ④ ⑤
2	① ② ③ ④ ⑤
3	① ② ③ ④ ⑤
4	① ② ③ ④ ⑤
5	① ② ③ ④ ⑤
6	① ② ③ ④ ⑤
7	① ② ③ ④ ⑤
8	① ② ③ ④ ⑤
9	① ② ③ ④ ⑤
10	① ② ③ ④ ⑤
11	① ② ③ ④ ⑤
12	① ② ③ ④ ⑤
13	① ② ③ ④ ⑤
14	① ② ③ ④ ⑤
15	① ② ③ ④ ⑤
16	① ② ③ ④ ⑤
17	① ② ③ ④ ⑤
18	① ② ③ ④ ⑤
19	① ② ③ ④ ⑤
20	① ② ③ ④ ⑤

21	① ② ③ ④ ⑤
22	① ② ③ ④ ⑤
23	① ② ③ ④ ⑤
24	① ② ③ ④ ⑤
25	① ② ③ ④ ⑤
26	① ② ③ ④ ⑤
27	① ② ③ ④ ⑤
28	① ② ③ ④ ⑤
29	① ② ③ ④ ⑤
30	① ② ③ ④ ⑤
31	① ② ③ ④ ⑤
32	① ② ③ ④ ⑤
33	① ② ③ ④ ⑤
34	① ② ③ ④ ⑤
35	① ② ③ ④ ⑤
36	① ② ③ ④ ⑤
37	① ② ③ ④ ⑤
38	① ② ③ ④ ⑤
39	① ② ③ ④ ⑤
40	① ② ③ ④ ⑤

41	① ② ③ ④ ⑤
42	① ② ③ ④ ⑤
43	① ② ③ ④ ⑤
44	① ② ③ ④ ⑤
45	① ② ③ ④ ⑤
46	① ② ③ ④ ⑤
47	① ② ③ ④ ⑤
48	① ② ③ ④ ⑤
49	① ② ③ ④ ⑤
50	① ② ③ ④ ⑤

※ 본 답안지는 마킹연습용 모의 답안지입니다.

NCS 직업기초능력 답안카드

신용보증기금　　기술보증기금

※ 본 답안지는 마킹연습용 모의 답안지입니다.

성 명

지원 분야

문제지 형별기재란　(　　)형　Ⓐ Ⓑ

수 험 번 호

감독위원 확인　㊞

2025 최신판 시대에듀 사이다 모의고사
신용보증기금&기술보증기금 NCS

개정4판1쇄 발행	2025년 03월 25일 (인쇄 2025년 03월 13일)
초 판 발 행	2021년 04월 30일 (인쇄 2021년 04월 07일)
발 행 인	박영일
책 임 편 집	이해욱
편 저	SDC(Sidae Data Center)
편 집 진 행	김재희 · 오세혁
표지디자인	박종우
편집디자인	양혜련 · 임창규
발 행 처	(주)시대고시기획
출 판 등 록	제10-1521호
주 소	서울시 마포구 큰우물로 75 [도화동 538 성지 B/D] 9F
전 화	1600-3600
팩 스	02-701-8823
홈 페 이 지	www.sdedu.co.kr
I S B N	979-11-383-8994-5 (13320)
정 가	18,000원

사이다

사일 동안
이것만 풀면
다 합격!

신용보증기금&
기술보증기금
NCS